D1733654

This Book Belongs To

Aa Bb Cc Dd Ee Ff Gg Hh Ii Jj Kk Ll Mm Nn Oo Pp Qq Rr Ss Tt Uu Vv Ww Xx Yy Zz

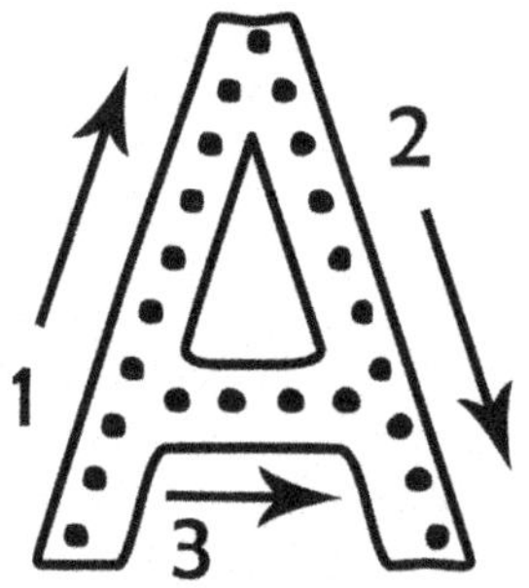

A

Apple

A A A A A A A A

A A A A A A A A

A A A A A A A A

A A A A A A A A

A A A A A A A A

A A A A A A A A

A A A A A A A A

A A A A

A A

A

A

A

A

A

A

Aa
Bb
Cc
Dd
Ee
Ff
Gg
Hh
Ii
Jj
Kk
Ll
Mm
Nn
Oo
Pp
Qq
Rr
Ss
Tt
Uu
Vv
Ww
Xx
Yy
Zz

a a

Volcano

a a a a a a a a a

a a a a a a a a a

a a a a a a a a a

a a a a a a a a a

a a a a a a a a a

a a a a a a a a a

a a a a a a a a

a a a a

a a

a

a

a

a

a

a

Aa
Bb
Cc
Dd
Ee
Ff
Gg
Hh
Ii
Jj
Kk
Ll
Mm
Nn
Oo
Pp
Qq
Rr
Ss
Tt
Uu
Vv
Ww
Xx
Yy
Zz

B

B

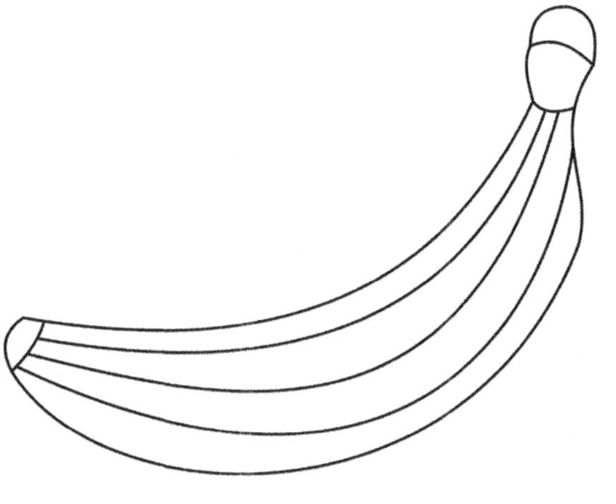

Banana

B B B B B B B B

B B B B

B B

B

B

B

B

B

B

Aa Bb Cc Dd Ee Ff Gg Hh Ii Jj Kk Ll Mm Nn Oo Pp Qq Rr Ss Tt Uu Vv Ww Xx Yy Zz

1 2 b

b

Robot

1 2 b b b b b b b b b

1 2 b b b b b b b b b

1 2 b b b b b b b b b

1 2 b b b b b b b b b

1 2 b b b b b b b b b

1 2 b b b b b b b b b

b b b b b b b b

b b b b

b b

b

b

b

b

b

b

Aa
Bb
Cc
Dd
Ee
Ff
Gg
Hh
Ii
Jj
Kk
Ll
Mm
Nn
Oo
Pp
Qq
Rr
Ss
Tt
Uu
Vv
Ww
Xx
Yy
Zz

C c

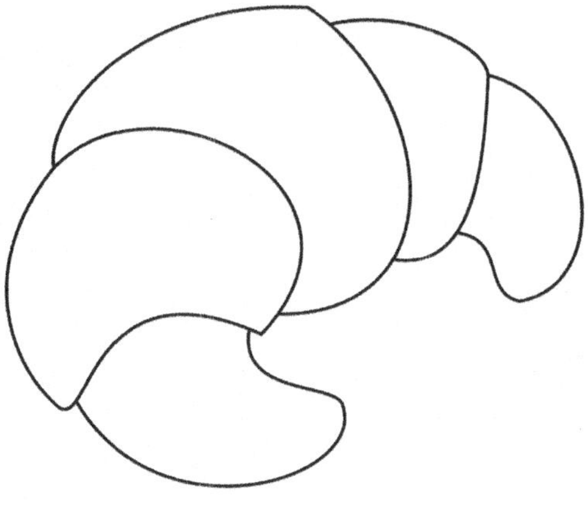

Croissant

C C C C C C C C

C C C C C C C C

C C C C

C C

C

C

C

C

C

C

A a
B b
C c
D d
E e
F f
G g
H h
I i
J j
K k
L l
M m
N n
O o
P p
Q q
R r
S s
T t
U u
V v
W w
X x
Y y
Z z

1 C c

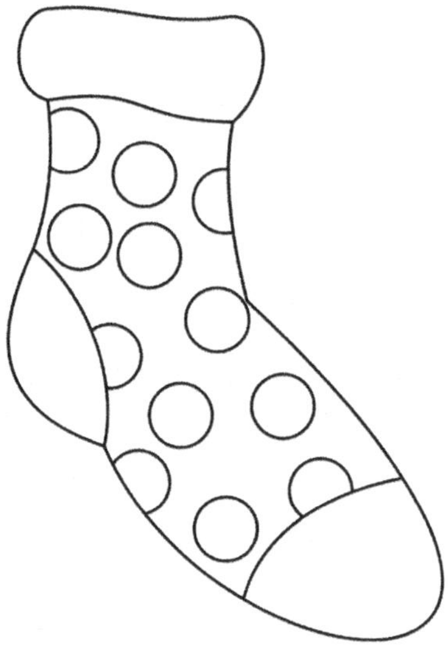

Sock

1 c c c c c c c c c

1 c c c c c c c c c

1 c c c c c c c c c

1 c c c c c c c c c

1 c c c c c c c c c

1 c c c c c c c c c

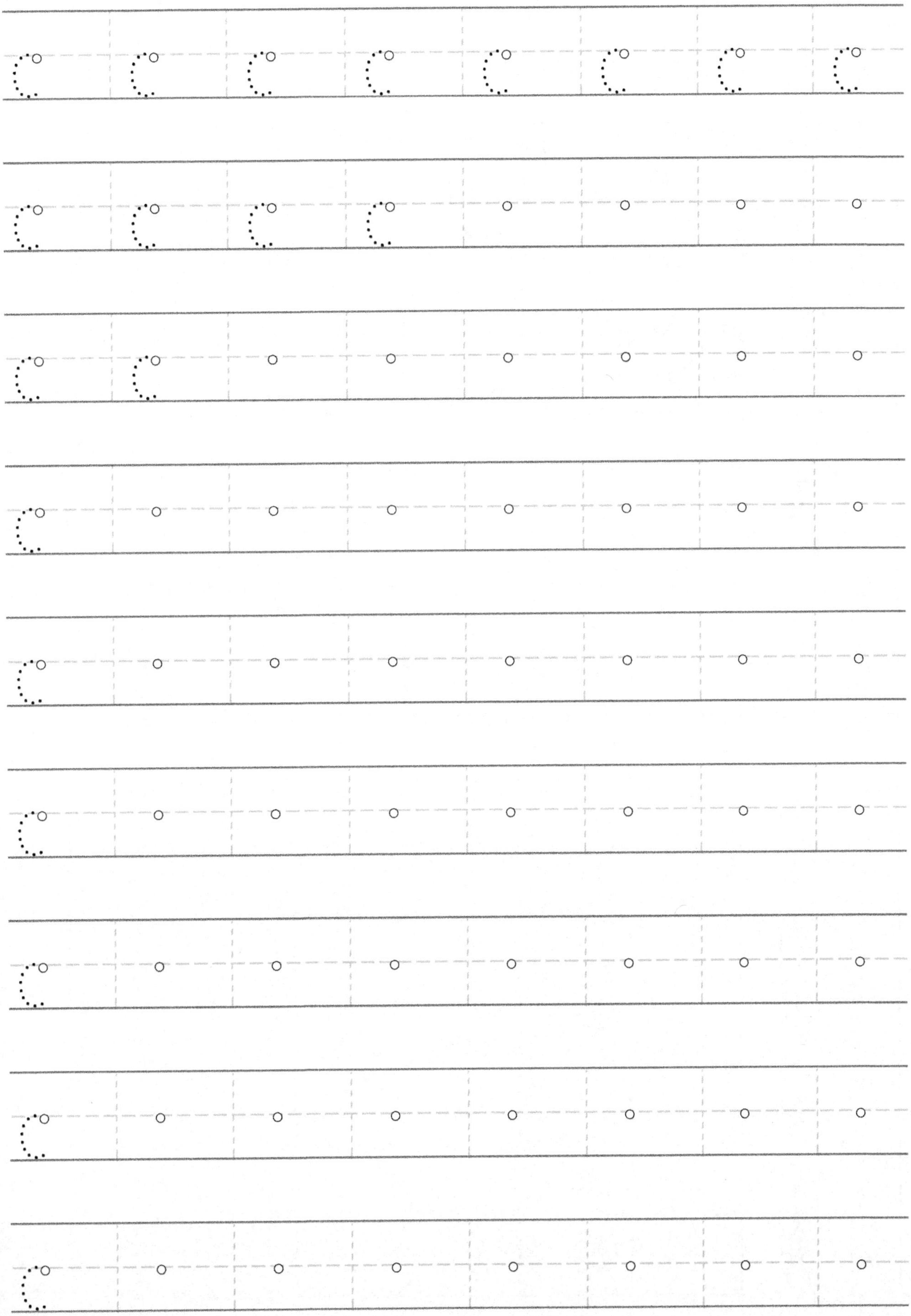

Aa Bb Cc **Dd** Ee Ff Gg Hh Ii Jj Kk Ll Mm Nn Oo Pp Qq Rr Ss Tt Uu Vv Ww Xx Yy Zz

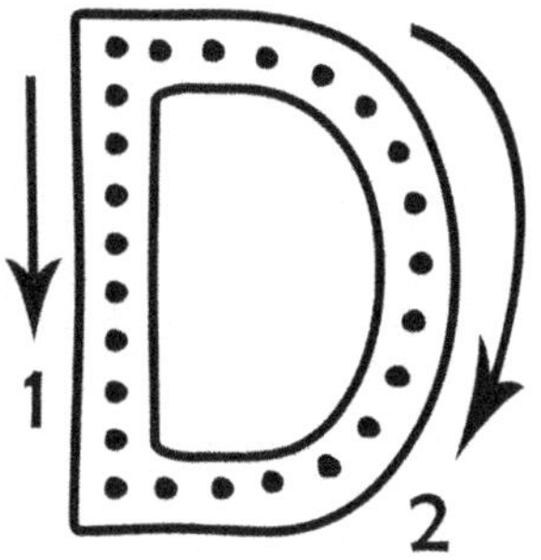

D

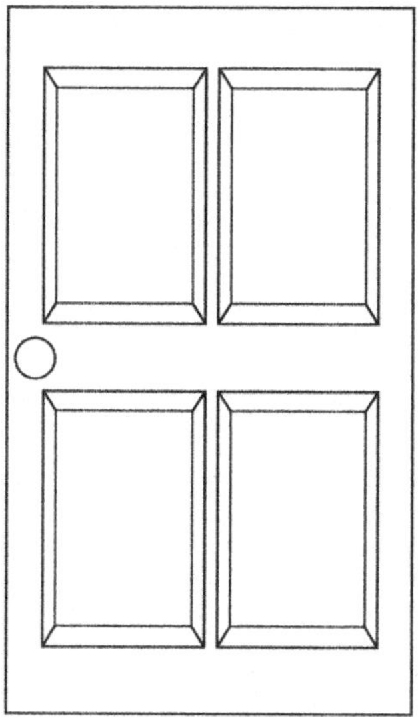

Door

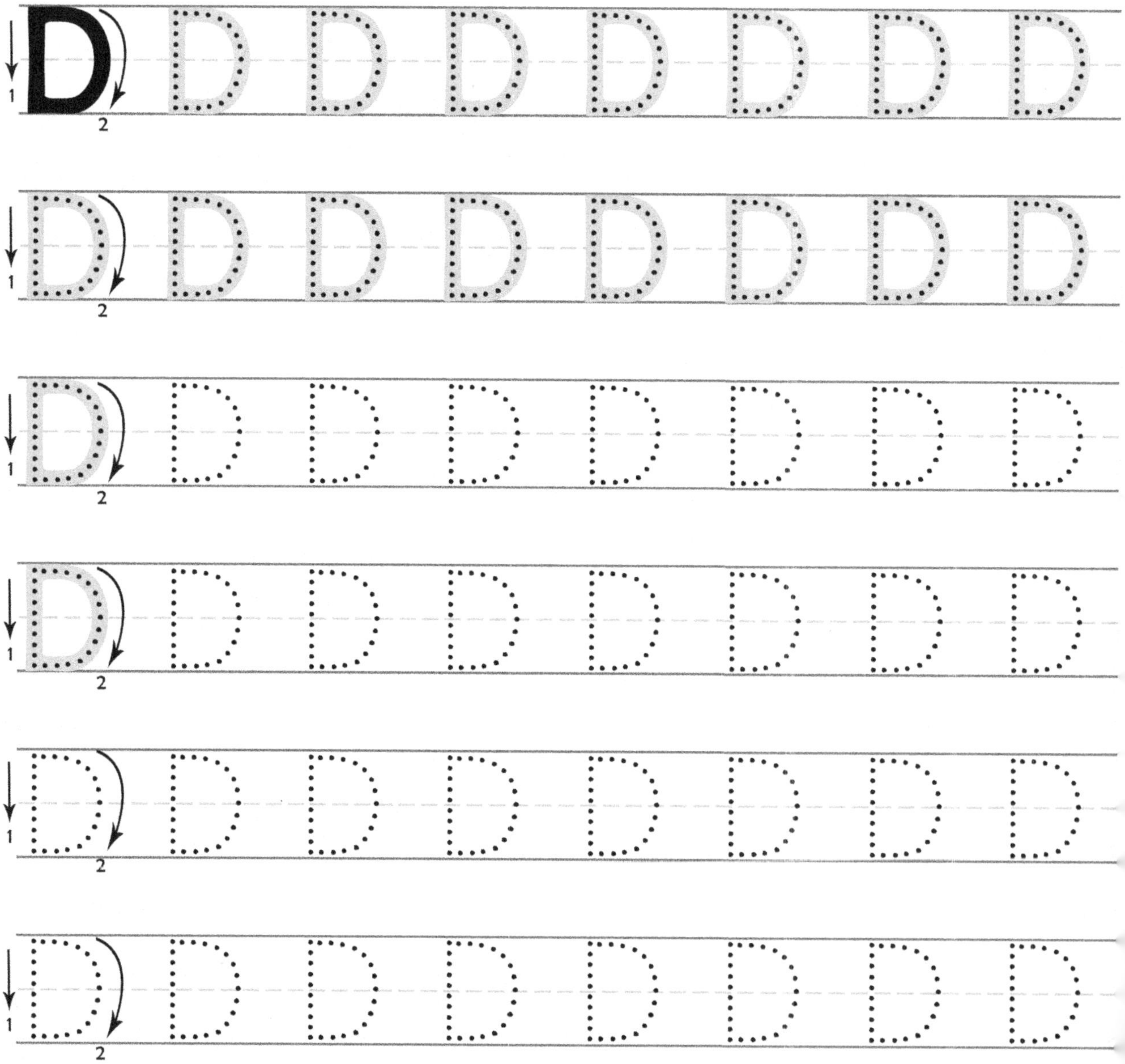

D D D D D D D D

D D D D

D D

D

D

D

D

D

D

Aa Bb Cc **Dd** Ee Ff Gg Hh Ii Jj Kk Ll Mm Nn Oo Pp Qq Rr Ss Tt Uu Vv Ww Xx Yy Zz

1 d 2

d

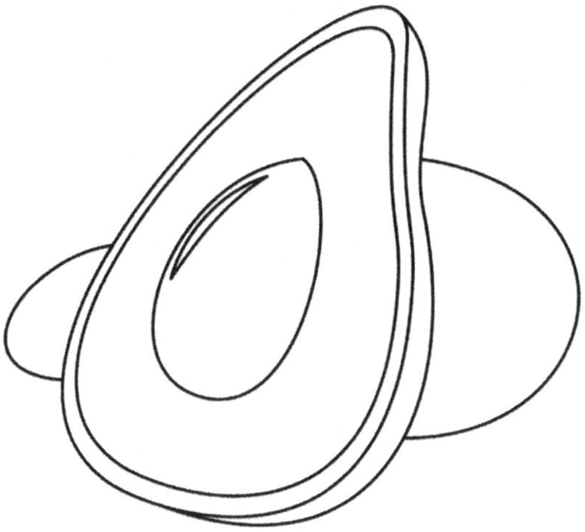

Avocado

d d d d d d d d d

d d d d d d d d d

d d d d d d d d d

d d d d d d d d d

d d d d d d d d d

d d d d d d d d d

d d d d d d d d

d d d d

d d

d

d

d

d

d

d

Aa Bb Cc Dd **Ee** Ff Gg Hh Ii Jj Kk Ll Mm Nn Oo Pp Qq Rr Ss Tt Uu Vv Ww Xx Yy Zz

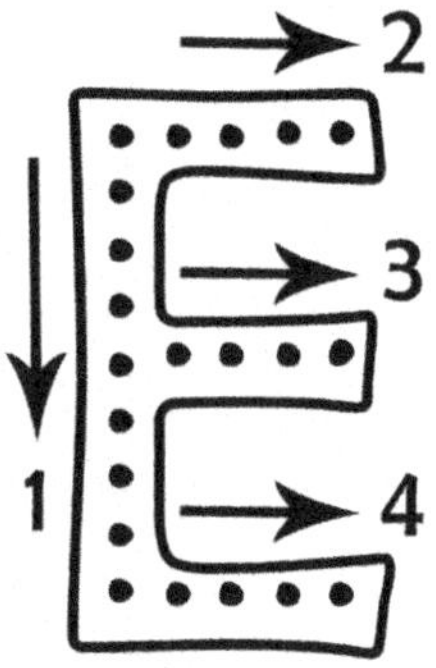

E

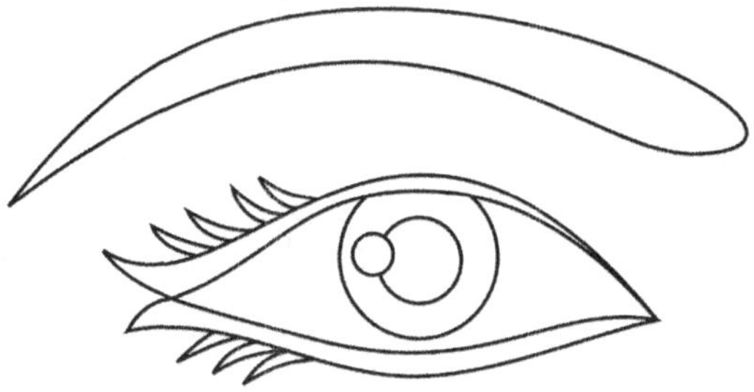

Eye

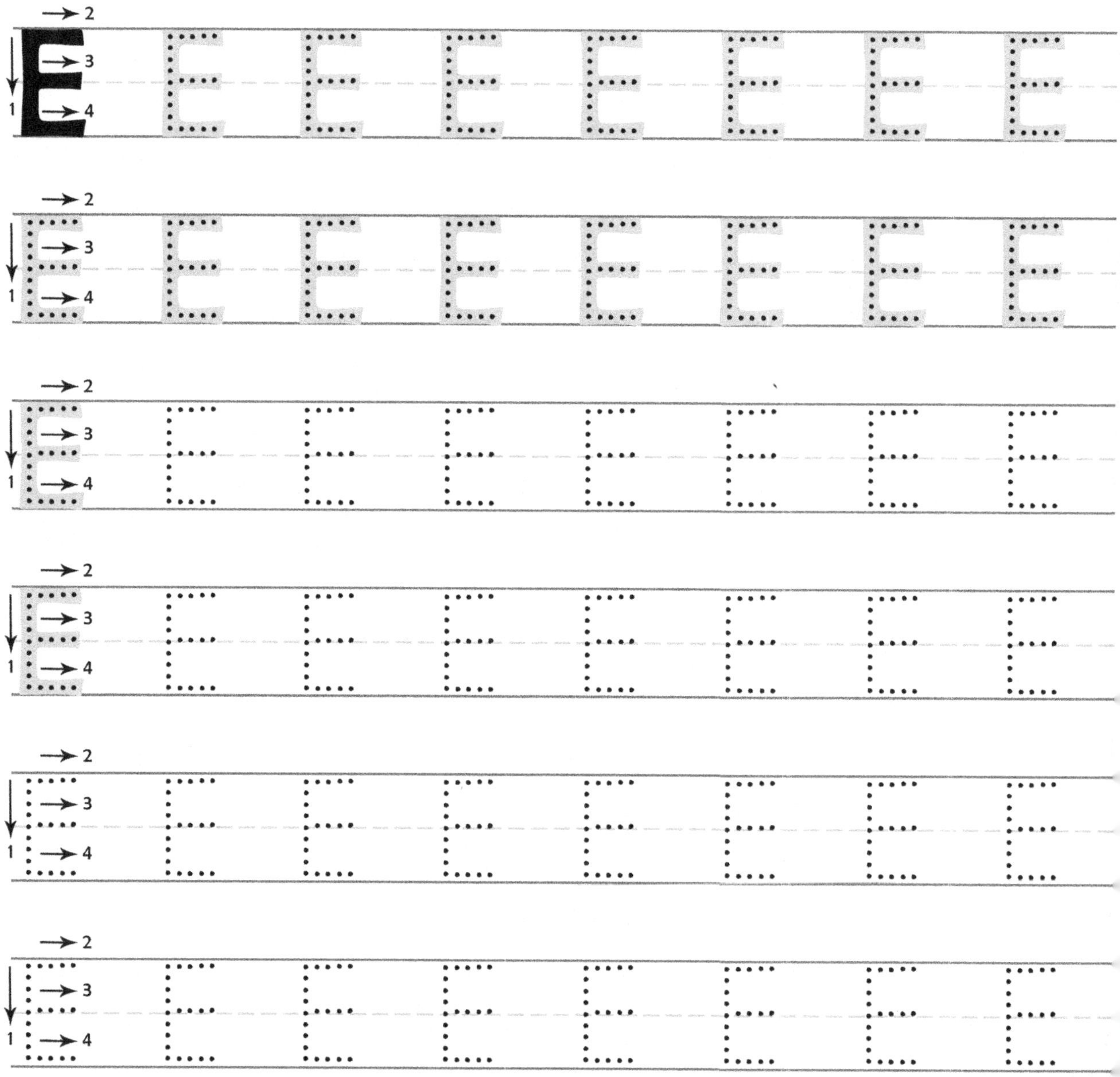

E E E E E E E E

E E E E

E E

E

E

E

E

E

E

A a
B b
C c
D d
E e
F f
G g
H h
I i
J j
K k
L l
M m
N n
O o
P p
Q q
R r
S s
T t
U u
V v
W w
X x
Y y
Z z

e

lemon

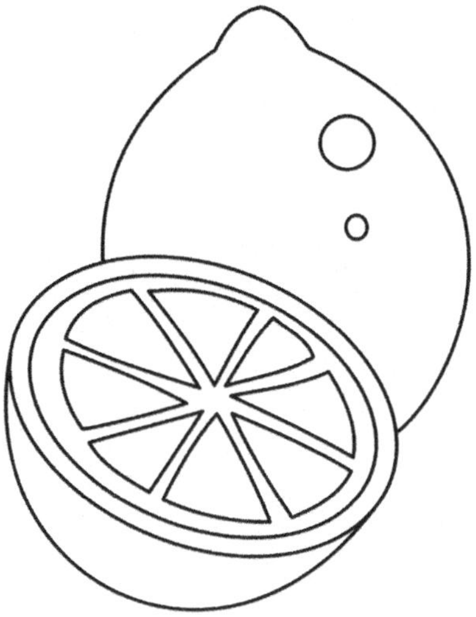

e e e e e e e e

e e e e

e e

e

e

e

e

e

e

Aa Bb Cc Dd Ee **Ff** Gg Hh Ii Jj Kk Ll Mm Nn Oo Pp Qq Rr Ss Tt Uu Vv Ww Xx Yy Zz

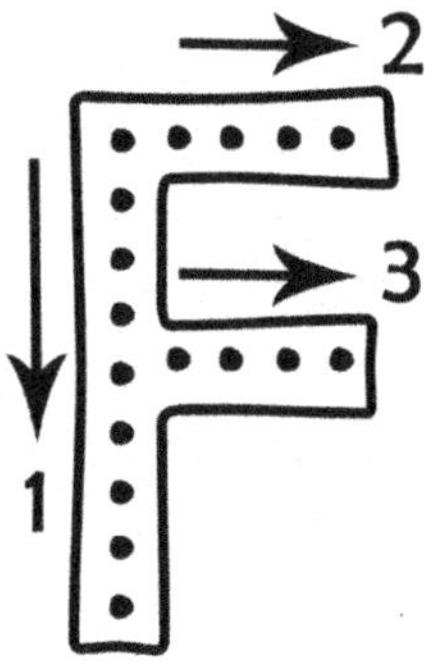

F

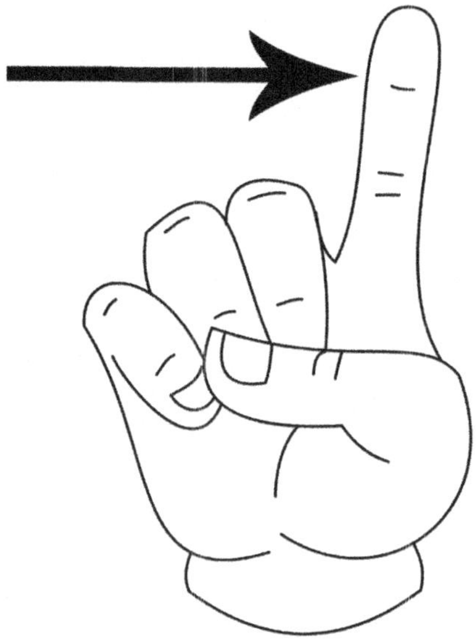

Finger

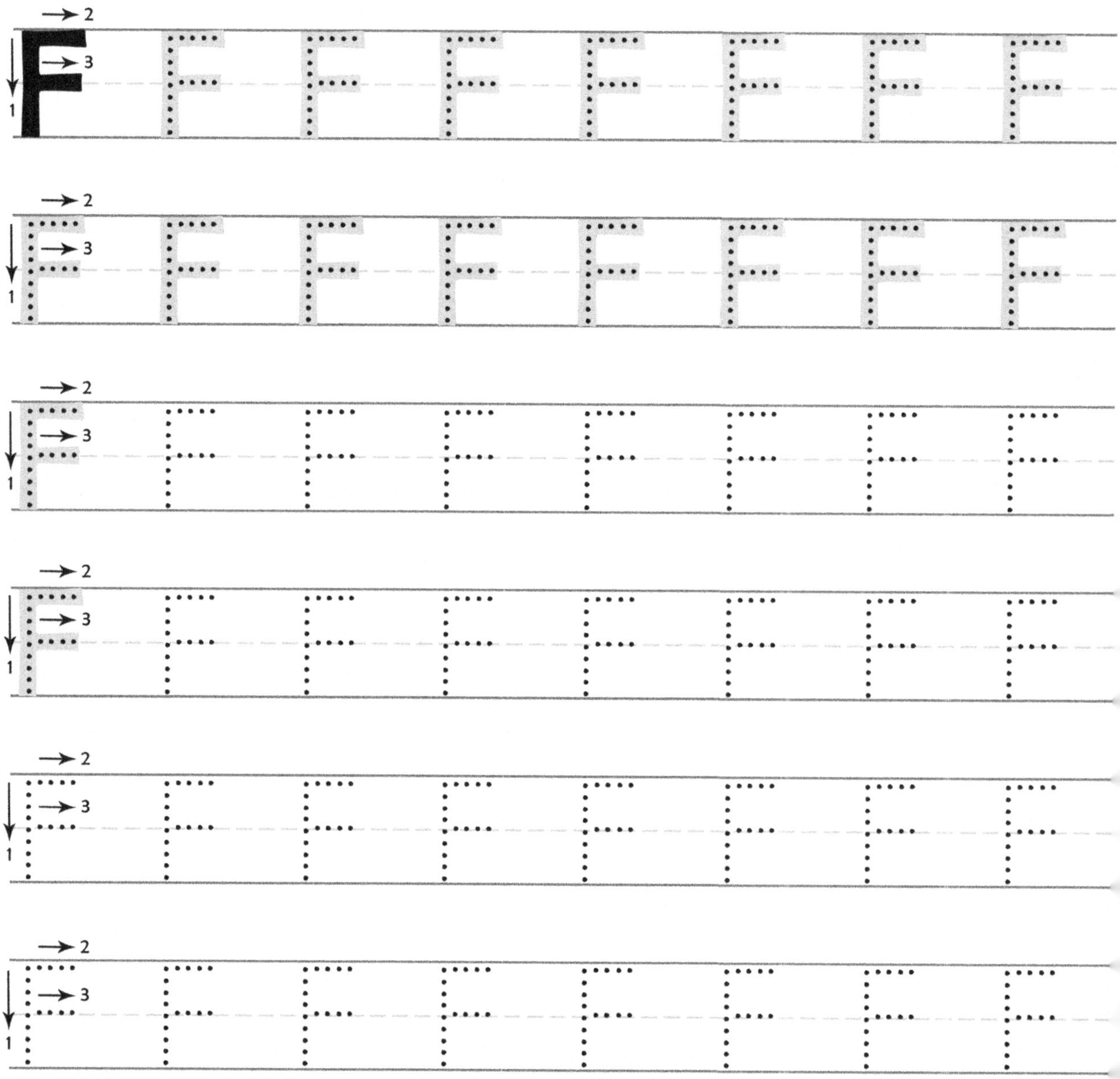

F F F F F F F F

F F F F

F F

F

F

F

F

F

F

Aa
Bb
Cc
Dd
Ee
Ff
Gg
Hh
Ii
Jj
Kk
Ll
Mm
Nn
Oo
Pp
Qq
Rr
Ss
Tt
Uu
Vv
Ww
Xx
Yy
Zz

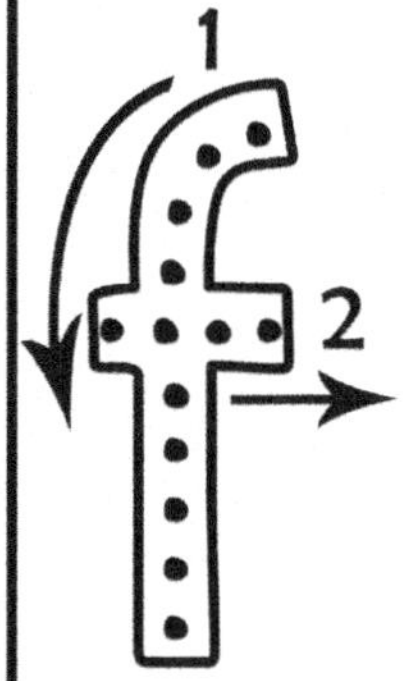

f

Africa

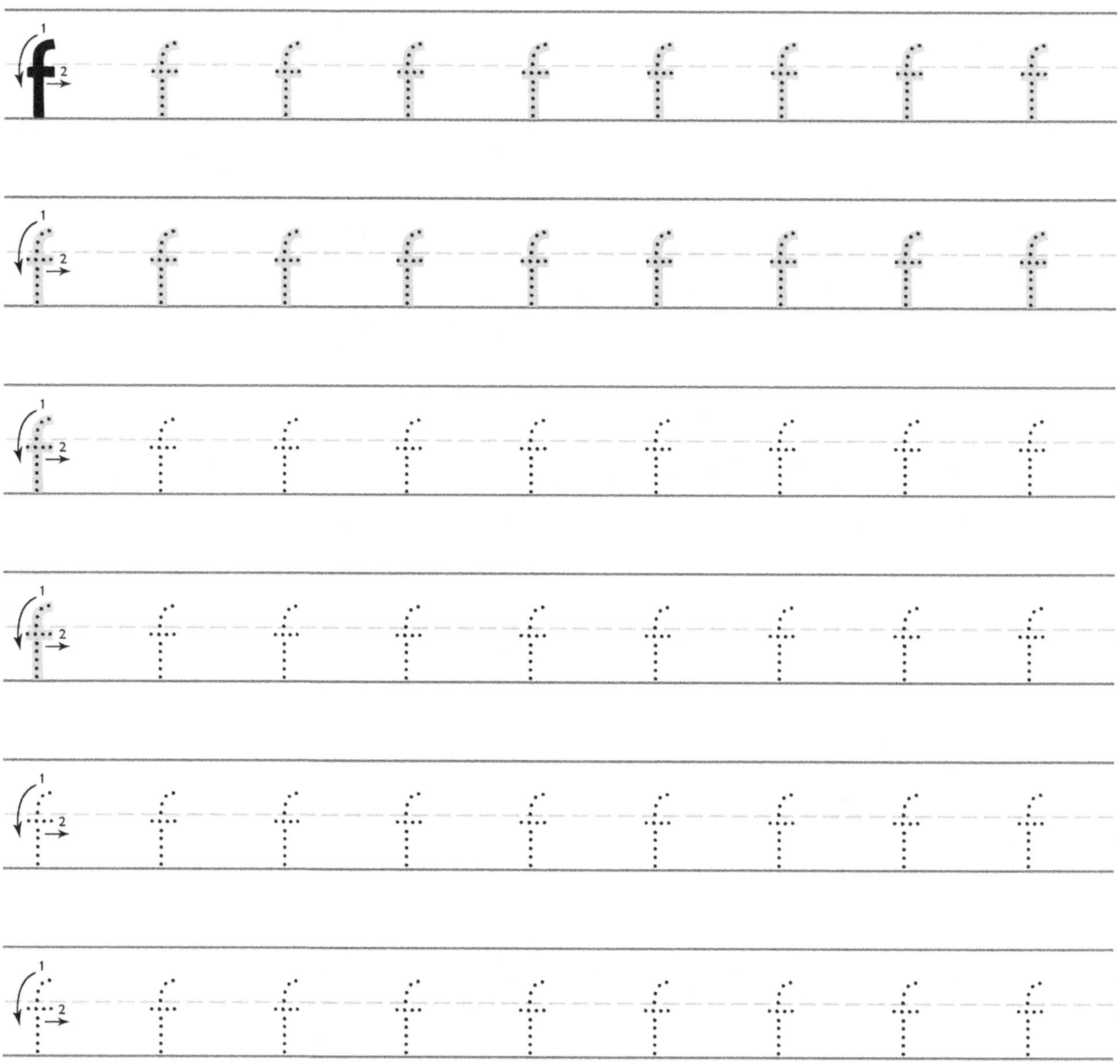

f f f f f f f f

f f f f

f f

f

f

f

f

f

f

Aa Bb Cc Dd Ee Ff **Gg** Hh Ii Jj Kk Ll Mm Nn Oo Pp Qq Rr Ss Tt Uu Vv Ww Xx Yy Zz

G G

Glass

G G G G G G G G

G G G G

G G

G

G

G

G

G

G

G

Aa Bb Cc Dd Ee Ff Gg Hh Ii Jj Kk Ll Mm Nn Oo Pp Qq Rr Ss Tt Uu Vv Ww Xx Yy Zz

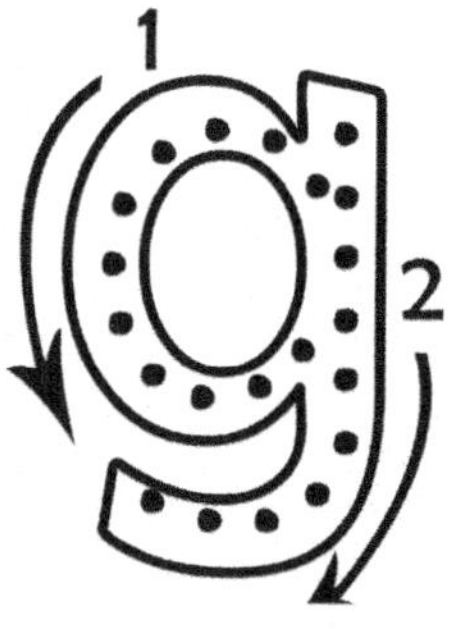

g

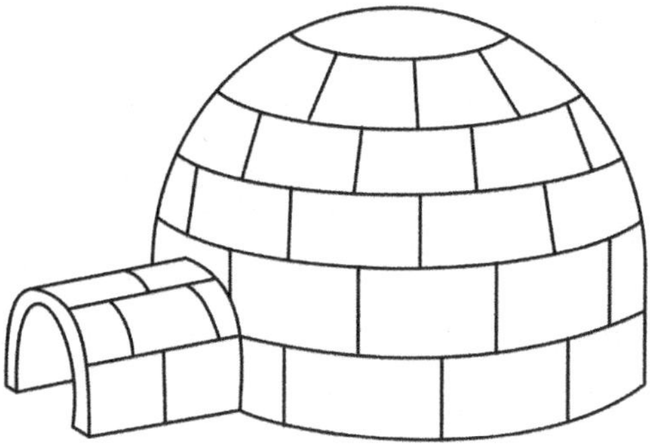

Igloo

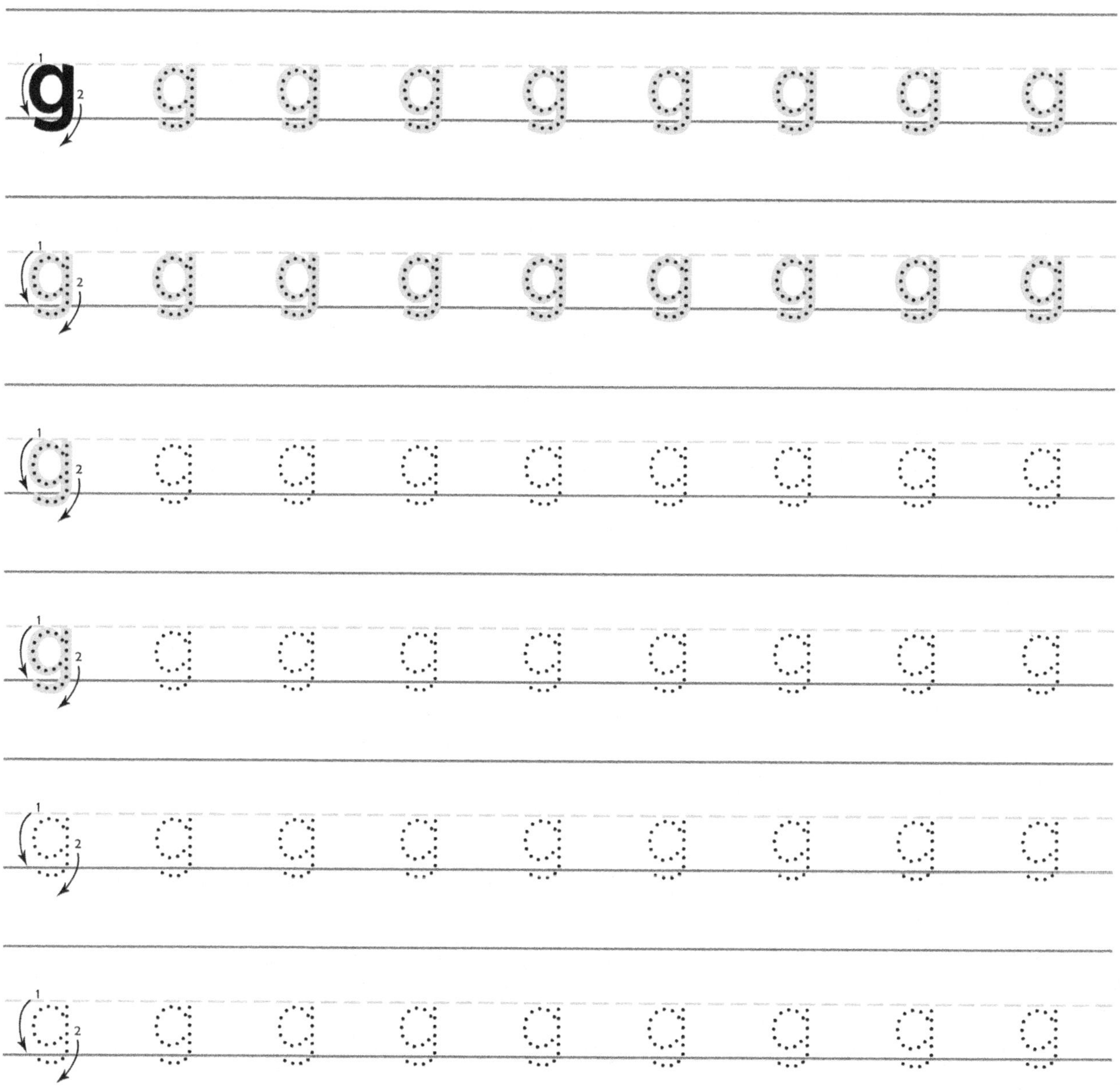

g g g g g g g g

g g g g

g g

g

g

g

g

g

g

Aa Bb Cc Dd Ee Ff Gg **Hh** Ii Jj Kk Ll Mm Nn Oo Pp Qq Rr Ss Tt Uu Vv Ww Xx Yy Zz

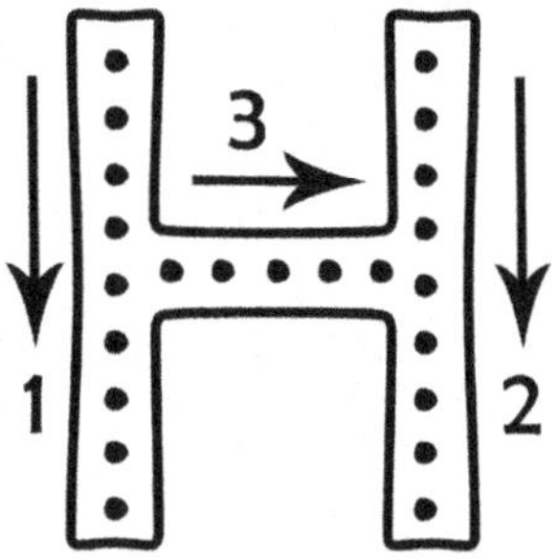

H

Hammer

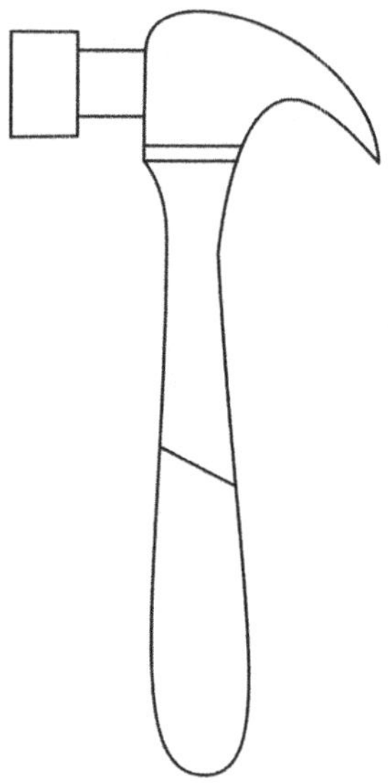

H H H H H H H H

H H H H

H H

H

H

H

H

H

H

Aa
Bb
Cc
Dd
Ee
Ff
Gg
Hh
Ii
Jj
Kk
Ll
Mm
Nn
Oo
Pp
Qq
Rr
Ss
Tt
Uu
Vv
Ww
Xx
Yy
Zz

1 h 2

h

Phone

h h h h h h h h h

h h h h h h h h h

h h h h h h h h h

h h h h h h h h h

h h h h h h h h h

h h h h h h h h h

h h h h h h h h

h h h h

h h

h

h

h

h

h

h

Aa
Bb
Cc
Dd
Ee
Ff
Gg
Hh
Ii
Jj
Kk
Ll
Mm
Nn
Oo
Pp
Qq
Rr
Ss
Tt
Uu
Vv
Ww
Xx
Yy
Zz

1

I

Icecream

1

1

1

1

1

1

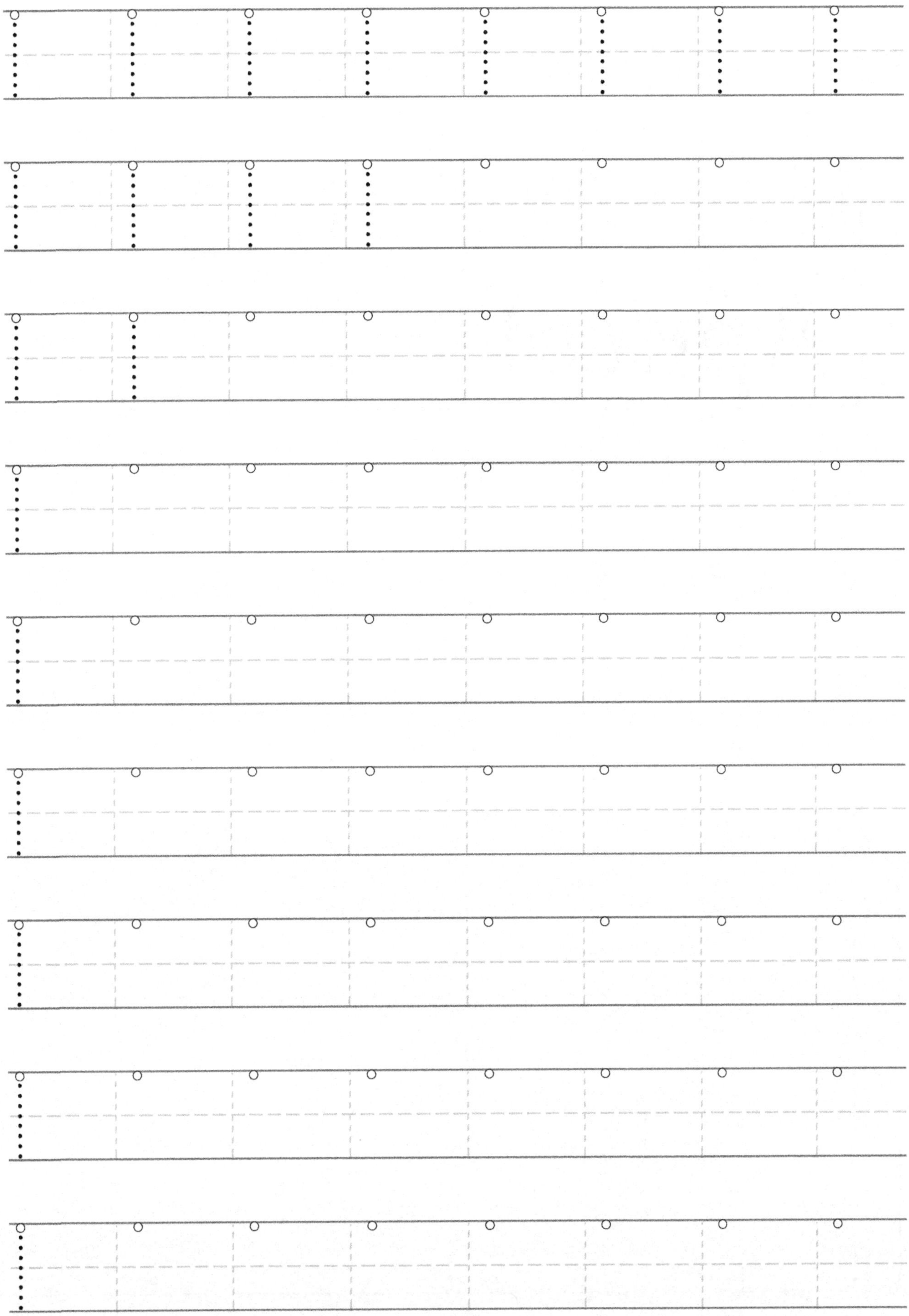

Aa Bb Cc Dd Ee Ff Gg Hh **Ii** Jj Kk Ll Mm Nn Oo Pp Qq Rr Ss Tt Uu Vv Ww Xx Yy Zz

1 i

i

Apricot

1 i i i i i i i i i

1 i i i i i i i i i

1 i

1 i

1

1

i i i i i i i i

i i i i

i i

i

i

i

i

i

i

Aa Bb Cc Dd Ee Ff Gg Hh Ii **Jj** Kk Ll Mm Nn Oo Pp Qq Rr Ss Tt Uu Vv Ww Xx Yy Zz

1 2

J

Jacket

1 2

1 2

1 2

1 2

1 2

1 2

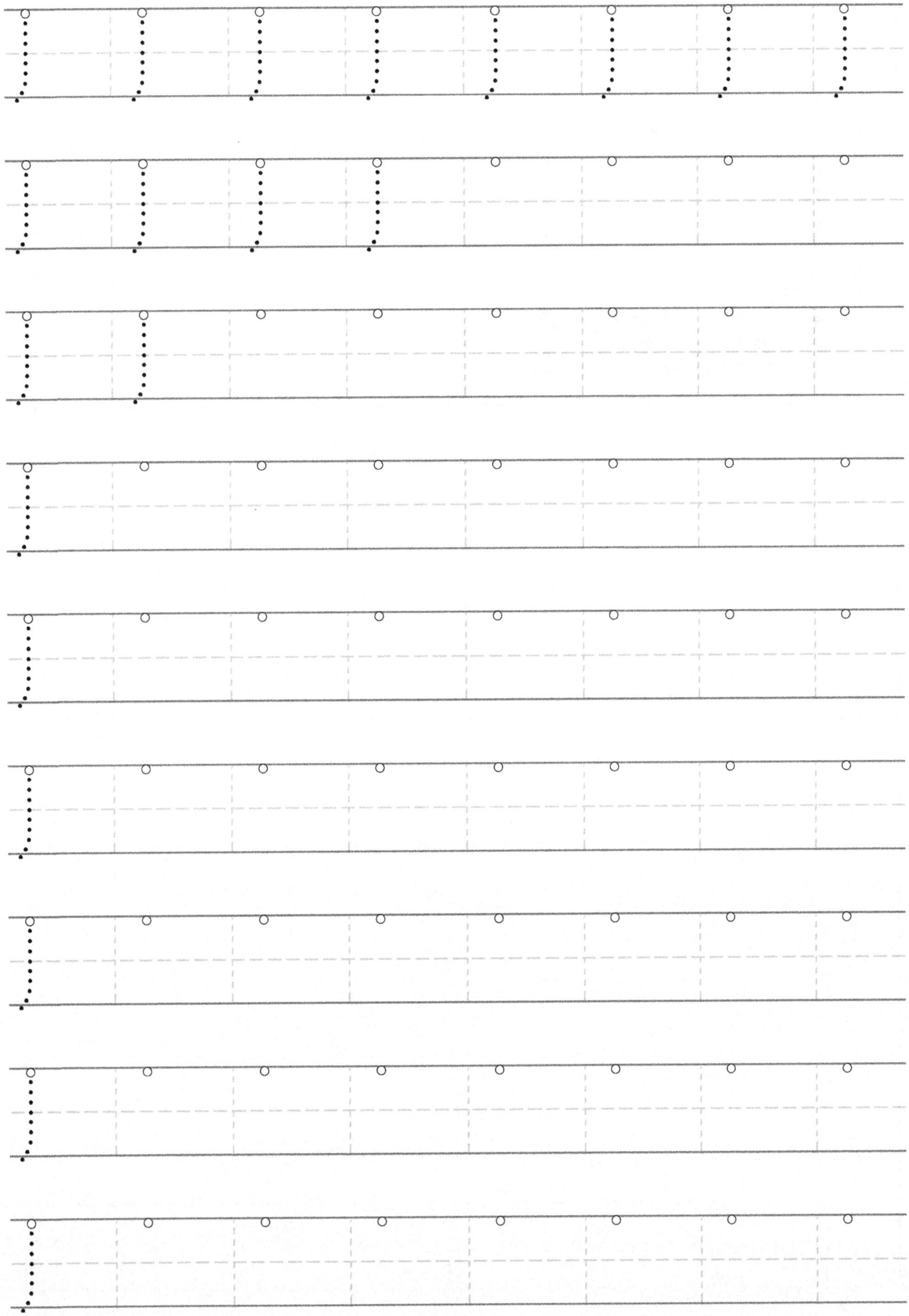

Aa
Bb
Cc
Dd
Ee
Ff
Gg
Hh
Ii
Jj
Kk
Ll
Mm
Nn
Oo
Pp
Qq
Rr
Ss
Tt
Uu
Vv
Ww
Xx
Yy
Zz

j 1

j

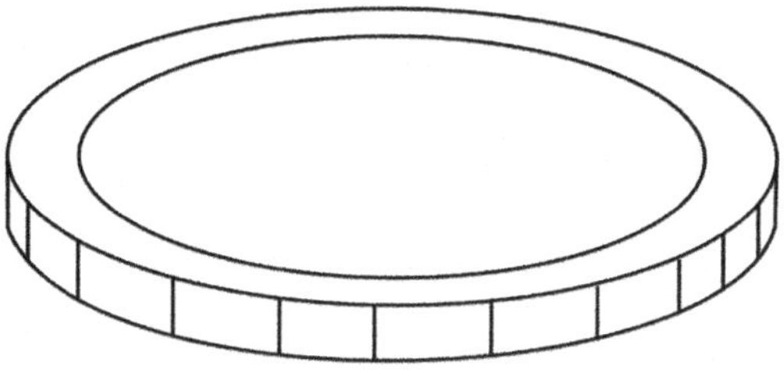

Object

j j j j j j j j j

j j j j j j j j

j j j j

j j

j

j

j

j

j

j

Aa
Bb
Cc
Dd
Ee
Ff
Gg
Hh
Ii
Jj
Kk
Ll
Mm
Nn
Oo
Pp
Qq
Rr
Ss
Tt
Uu
Vv
Ww
Xx
Yy
Zz

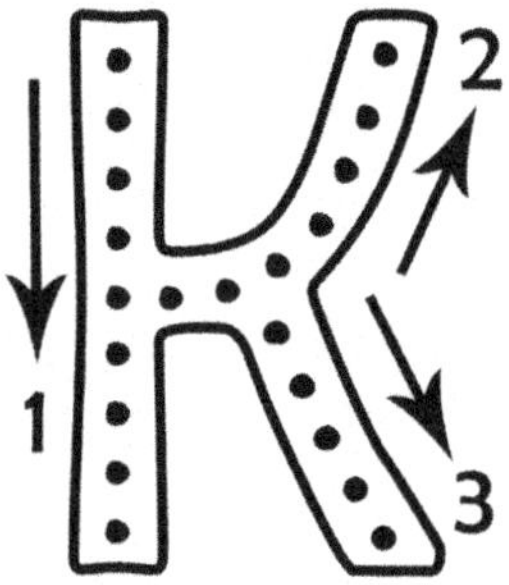

k

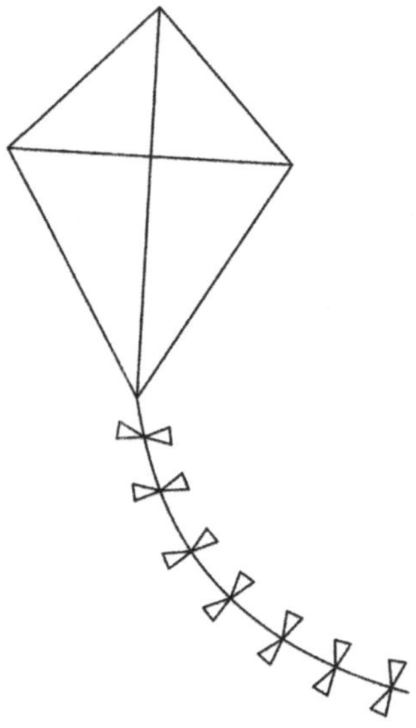

Kite

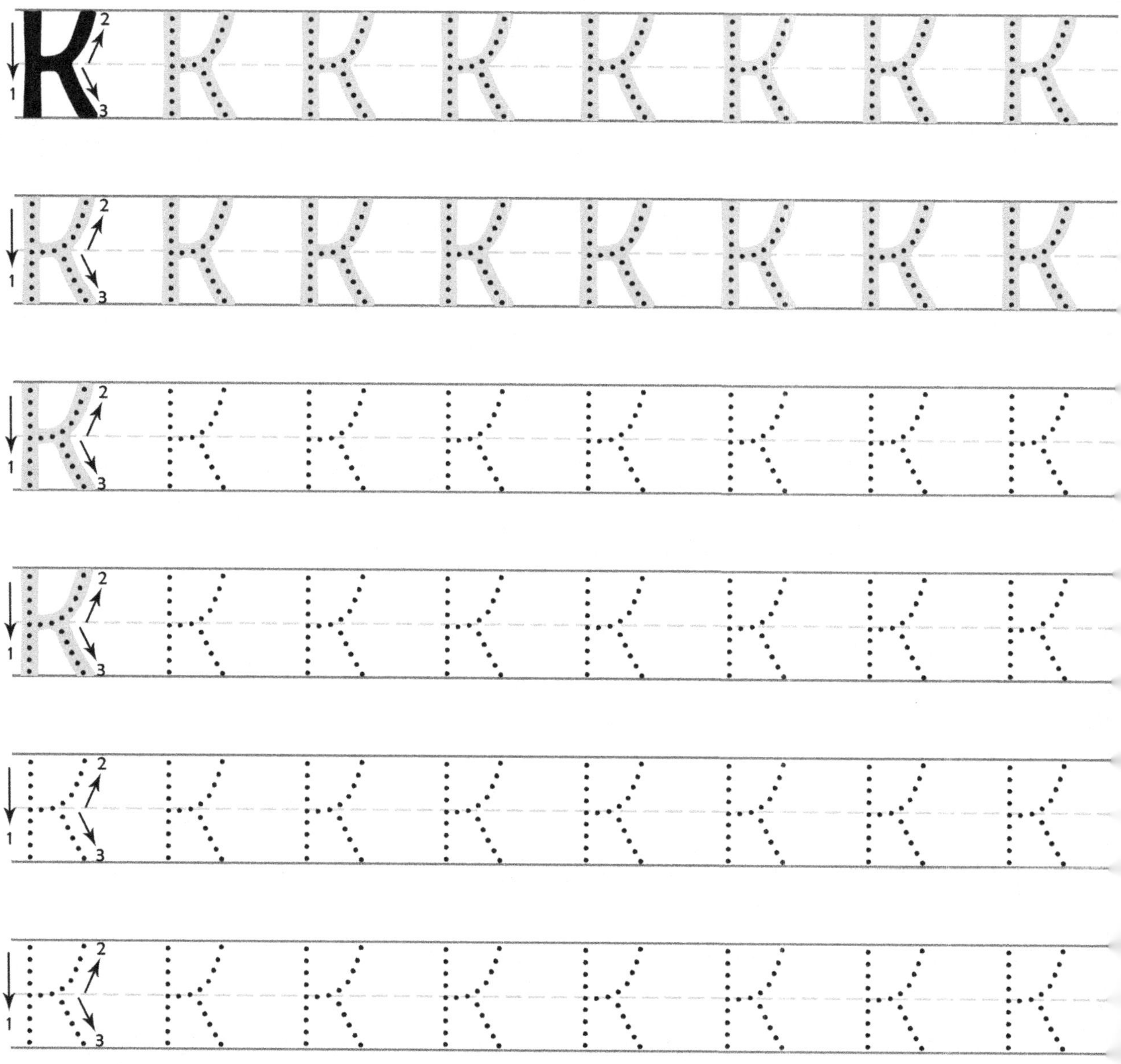

K K K K K K K K

K K K K

K K

K

K

K

K

K

K

Aa Bb Cc Dd Ee Ff Gg Hh Ii Jj **Kk** Ll Mm Nn Oo Pp Qq Rr Ss Tt Uu Vv Ww Xx Yy Zz

k

Book

k k k k k k k k k

k k k k k k k k

k k k k

k k

k

k

k

k

k

k

Aa
Bb
Cc
Dd
Ee
Ff
Gg
Hh
Ii
Jj
Kk
Ll
Mm
Nn
Oo
Pp
Qq
Rr
Ss
Tt
Uu
Vv
Ww
Xx
Yy
Zz

L

1 2

L

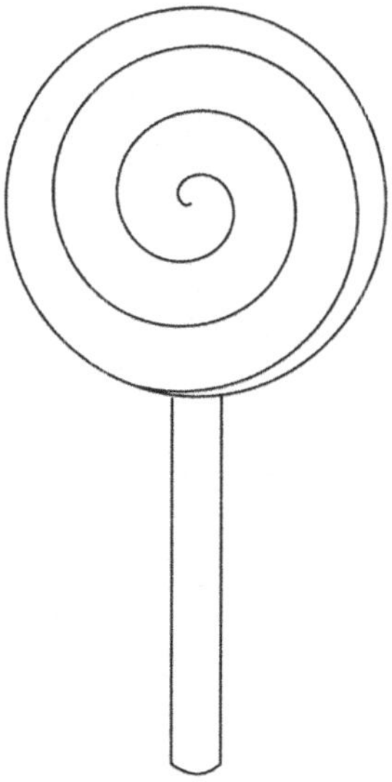

Lollipop

L L L L L L L L

L L L L L L L L

L L L L

L L

L

L

L

L

L

L

Aa Bb Cc Dd Ee Ff Gg Hh Ii Jj Kk **Ll** Mm Nn Oo Pp Qq Rr Ss Tt Uu Vv Ww Xx Yy Zz

1 l

l

Ball

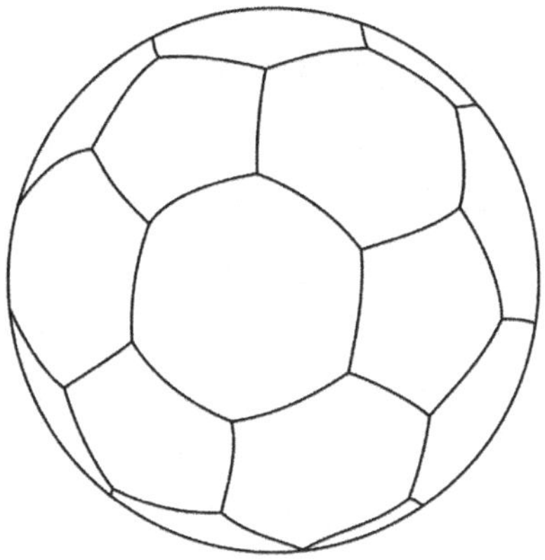

1 l l l l l l l l l

1 l l l l l l l l l

1 l l l l l l l l l

1 l l l l l l l l l

1 l l l l l l l l l

1 l l l l l l l l l

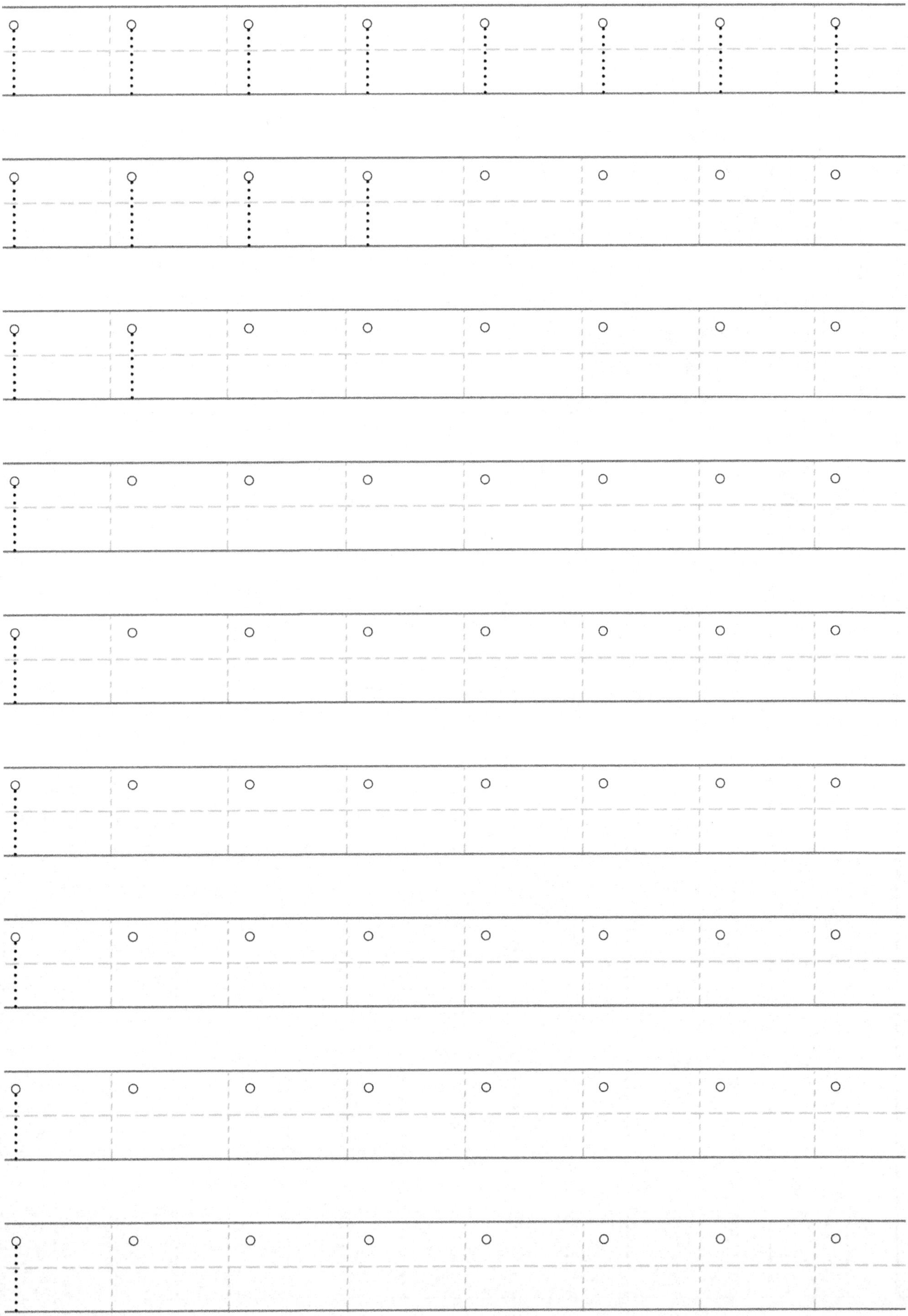

A a
B b
C c
D d
E e
F f
G g
H h
I i
J j
K k
L l
M m
N n
O o
P p
Q q
R r
S s
T t
U u
V v
W w
X x
Y y
Z z

M

M

Mask

M M M M M M M M

M M M M

M M

M

M

M

M

M

M

Aa Bb Cc Dd Ee Ff Gg Hh Ii Jj Kk Ll **Mm** Nn Oo Pp Qq Rr Ss Tt Uu Vv Ww Xx Yy Zz

1 m 2 3 m

Lamp

m m m m m m m m m

m m m m m m m m

m m m m

m m

m

m

m

m

m

m

Aa Bb Cc Dd Ee Ff Gg Hh Ii Jj Kk Ll Mm **Nn** Oo Pp Qq Rr Ss Tt Uu Vv Ww Xx Yy Zz

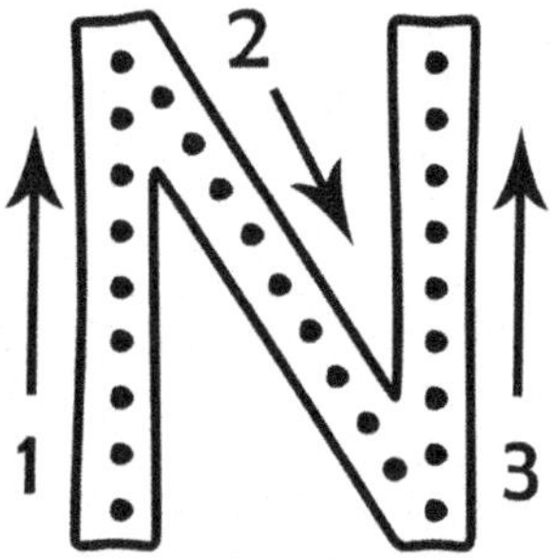

N

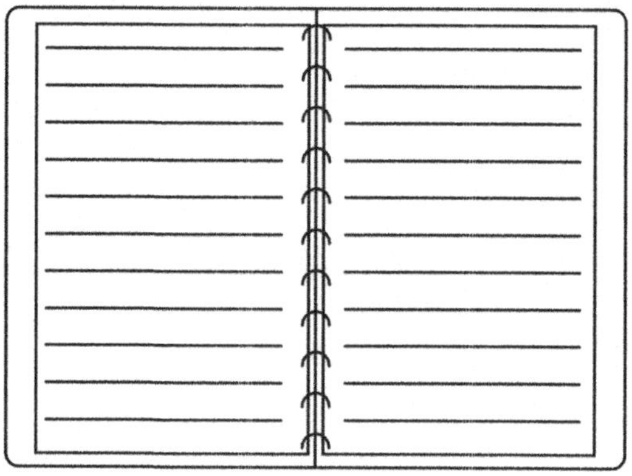

Notebook

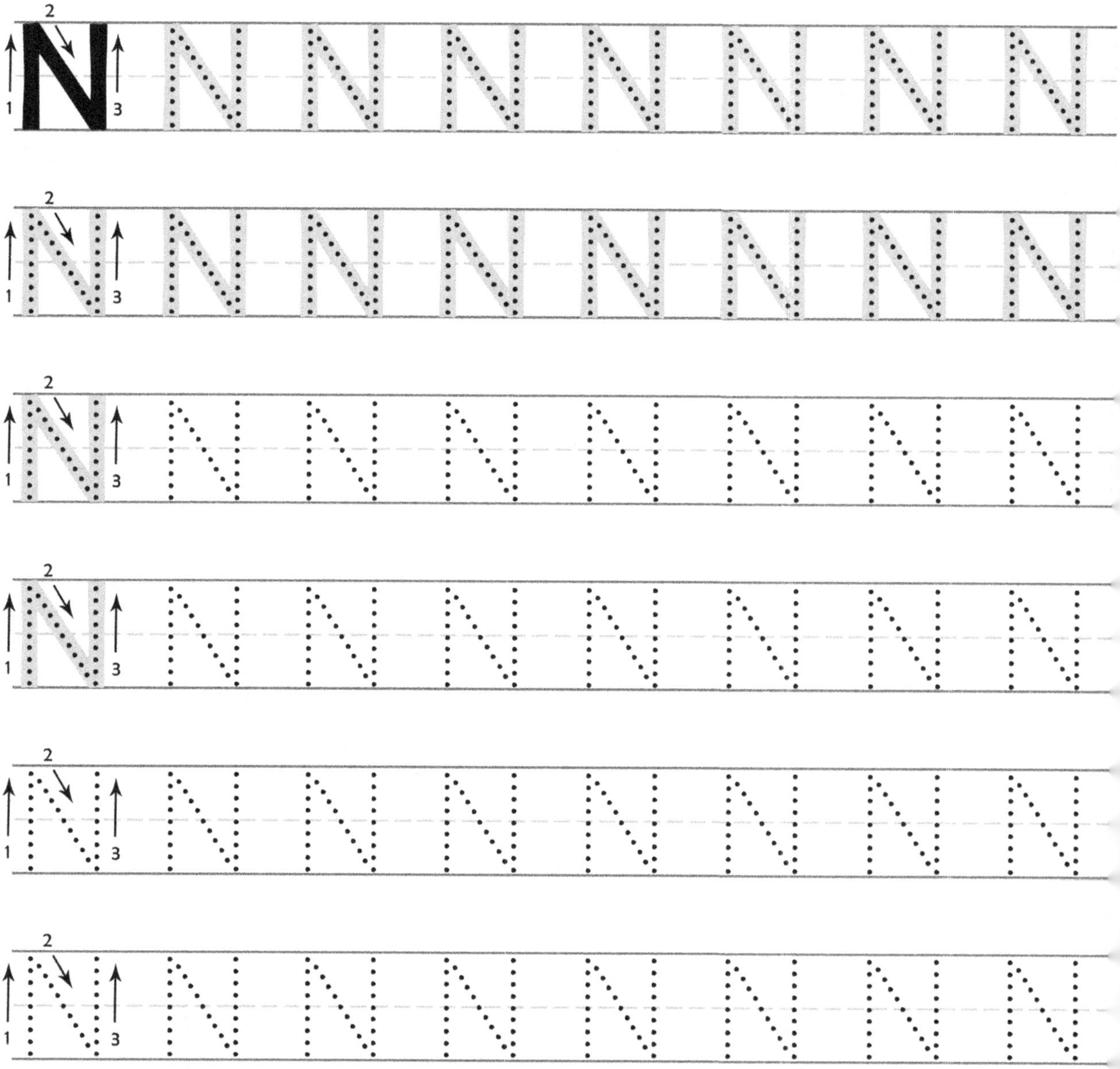

N N N N N N N N

N N N N

N N

N

N

N

N

N

N

Aa
Bb
Cc
Dd
Ee
Ff
Gg
Hh
Ii
Jj
Kk
Ll
Mm
Nn
Oo
Pp
Qq
Rr
Ss
Tt
Uu
Vv
Ww
Xx
Yy
Zz

1 n 2

n

Sun

1 n 2 n n n n n n n n

1 n 2 n n n n n n n n

1 n 2 n n n n n n n n

1 n 2 n n n n n n n n

1 n 2 n n n n n n n n

1 n 2 n n n n n n n n

n n n n n n n n

n n n n

n n

n

n

n

n

n

n

Aa Bb Cc Dd Ee Ff Gg Hh Ii Jj Kk Ll Mm Nn **Oo** Pp Qq Rr Ss Tt Uu Vv Ww Xx Yy Zz

Orange

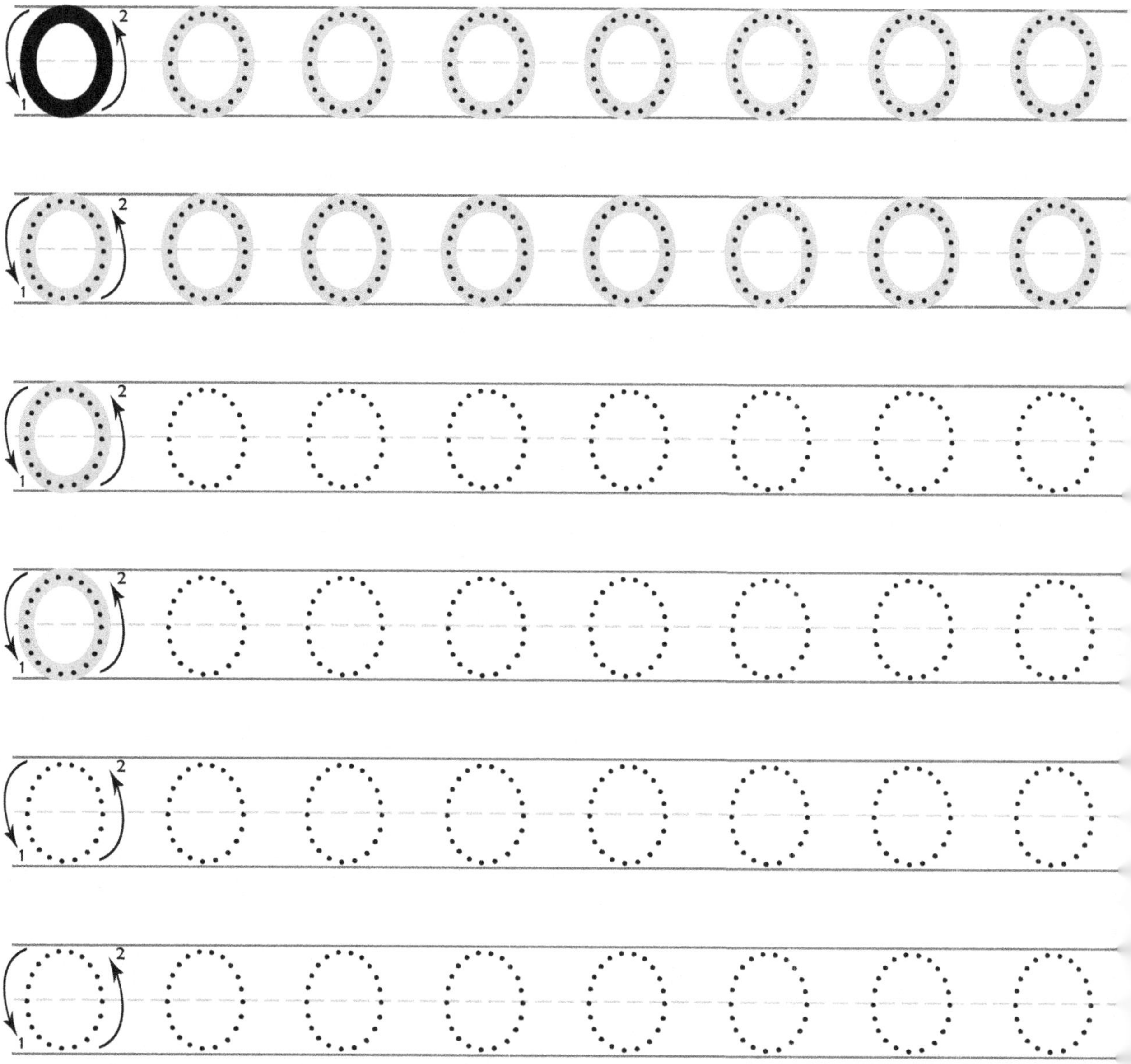

0 0 0 0 0 0 0 0

0 0 0 0

0 0

0

0

0

0

0

0

Aa Bb Cc Dd Ee Ff Gg Hh Ii Jj Kk Ll Mm Nn **Oo** Pp Qq Rr Ss Tt Uu Vv Ww Xx Yy Zz

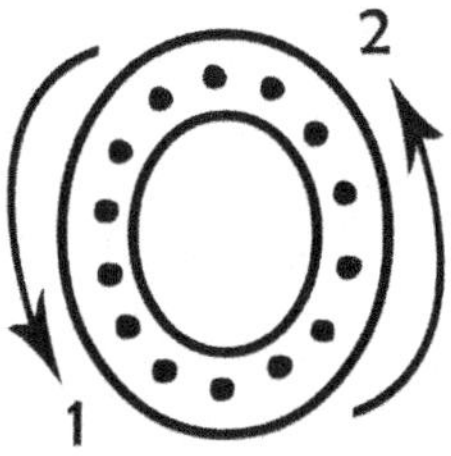

o

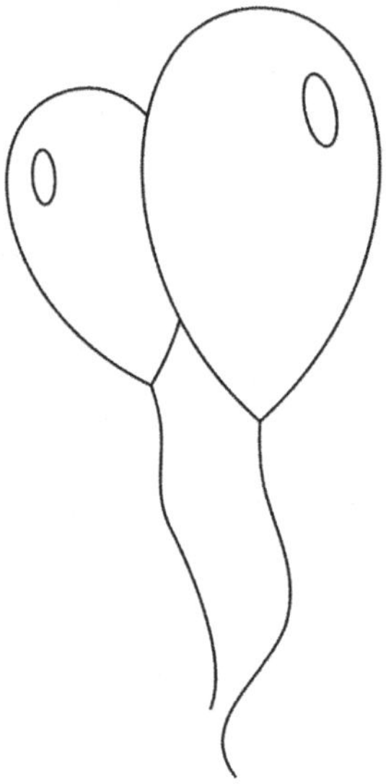

Balloon

o o o o o o o o

o o o o

o o

o

o

o

o

o

o

o

Aa
Bb
Cc
Dd
Ee
Ff
Gg
Hh
Ii
Jj
Kk
Ll
Mm
Nn
Oo
Pp
Qq
Rr
Ss
Tt
Uu
Vv
Ww
Xx
Yy
Zz

P p

1 2

Palm

P P P P P P P P

P P P P P P P P

P P P P P P P P

P P P P P P P P

P P P P P P P P

P P P P P P P P

P P P P P P P P

P P P P

P P

P

P

P

P

P

P

Aa Bb Cc Dd Ee Ff Gg Hh Ii Jj Kk Ll Mm Nn Oo Pp Qq Rr Ss Tt Uu Vv Ww Xx Yy Zz

p

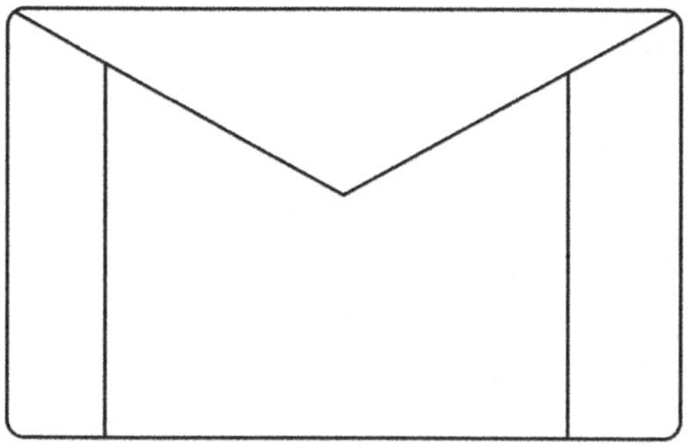

Envelope

p p p p p p p p p

p p p p p p p p p

p p p p p p p p p

p p p p p p p p p

p p p p p p p p p

p p p p p p p p p

p p p p p p p p

p p p p

p p

p

p

p

p

p

p

Aa
Bb
Cc
Dd
Ee
Ff
Gg
Hh
Ii
Jj
Kk
Ll
Mm
Nn
Oo
Pp
Qq
Rr
Ss
Tt
Uu
Vv
Ww
Xx
Yy
Zz

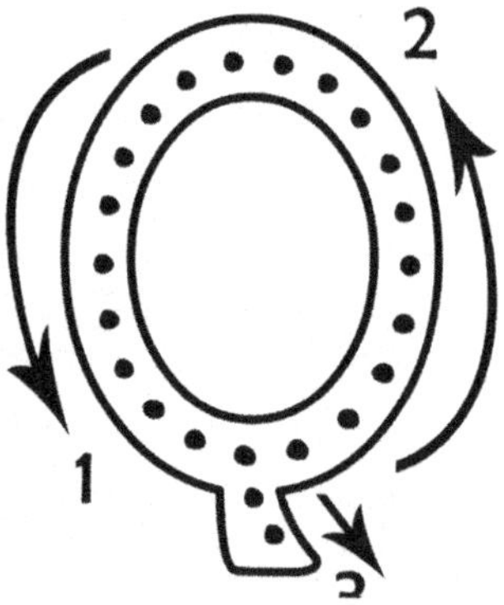

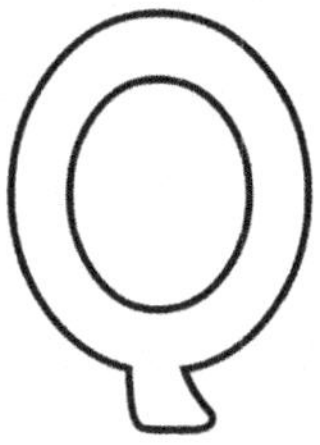

Quill

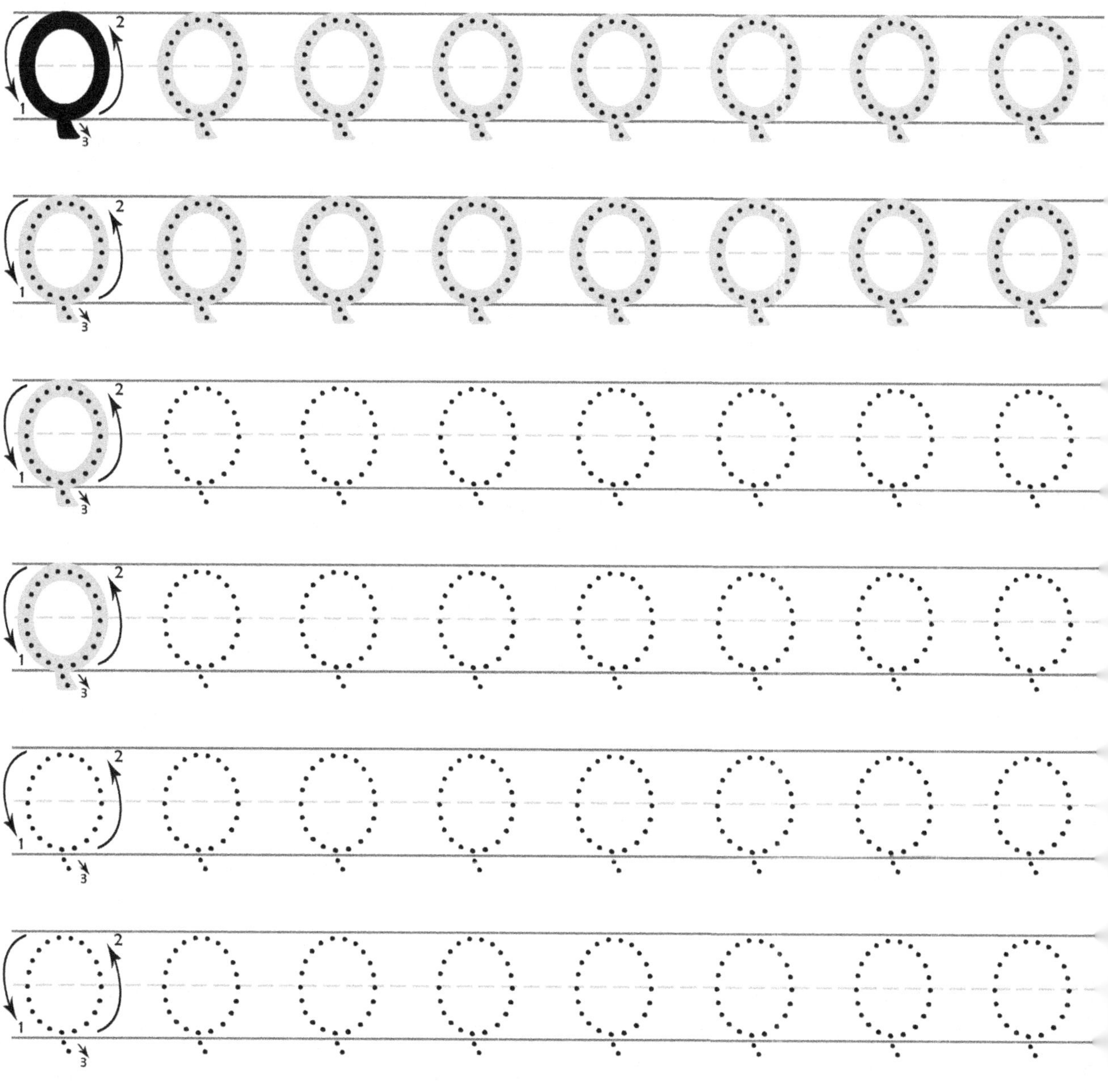

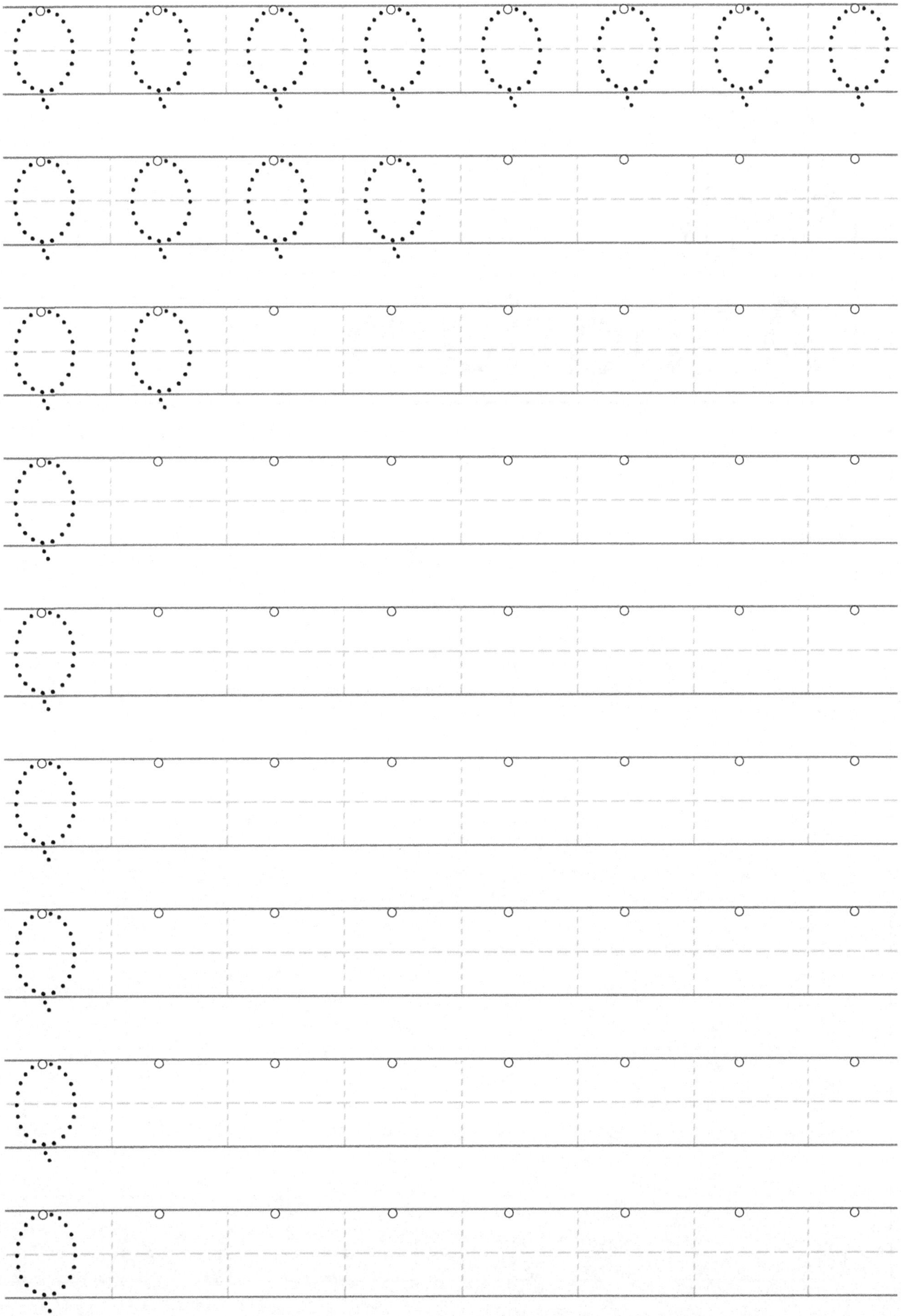

Aa
Bb
Cc
Dd
Ee
Ff
Gg
Hh
Ii
Jj
Kk
Ll
Mm
Nn
Oo
Pp
Qq
Rr
Ss
Tt
Uu
Vv
Ww
Xx
Yy
Zz

1 q 2

q

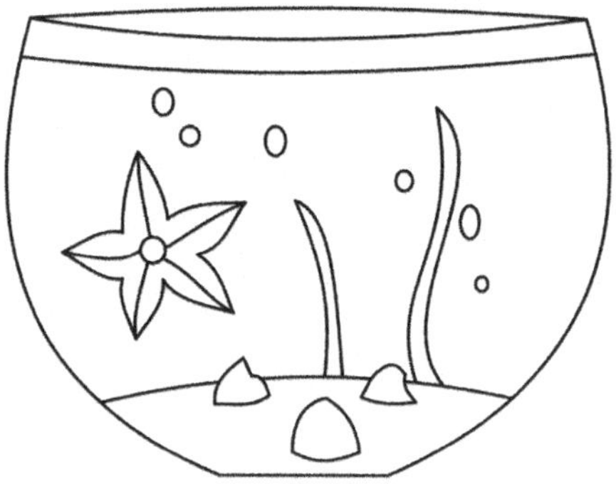

Aquarium

q q q q q q q q q

q q q q q q q q q

q q q q q q q q q

q q q q q q q q q

q q q q q q q q q

q q q q q q q q q

q q q q q q q q

q q q q

q q

q

q

q

q

q

q

Aa
Bb
Cc
Dd
Ee
Ff
Gg
Hh
Ii
Jj
Kk
Ll
Mm
Nn
Oo
Pp
Qq
Rr
Ss
Tt
Uu
Vv
Ww
Xx
Yy
Zz

R

1 2 3

R

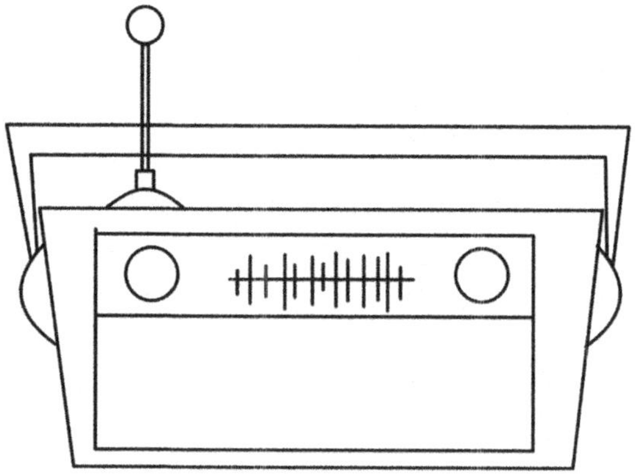

Radio

R R R R R R R R

R R R R R R R R

R R R R R R R R

R R R R R R R R

R R R R R R R R

R R R R R R R R

R R R R R R R R

R R R R

R R

R

R

R

R

R

R

Aa
Bb
Cc
Dd
Ee
Ff
Gg
Hh
Ii
Jj
Kk
Ll
Mm
Nn
Oo
Pp
Qq
Rr
Ss
Tt
Uu
Vv
Ww
Xx
Yy
Zz

1 r 2

r

Paprika

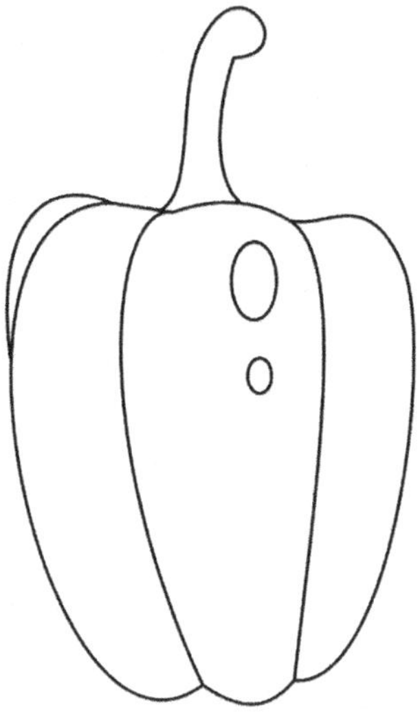

r

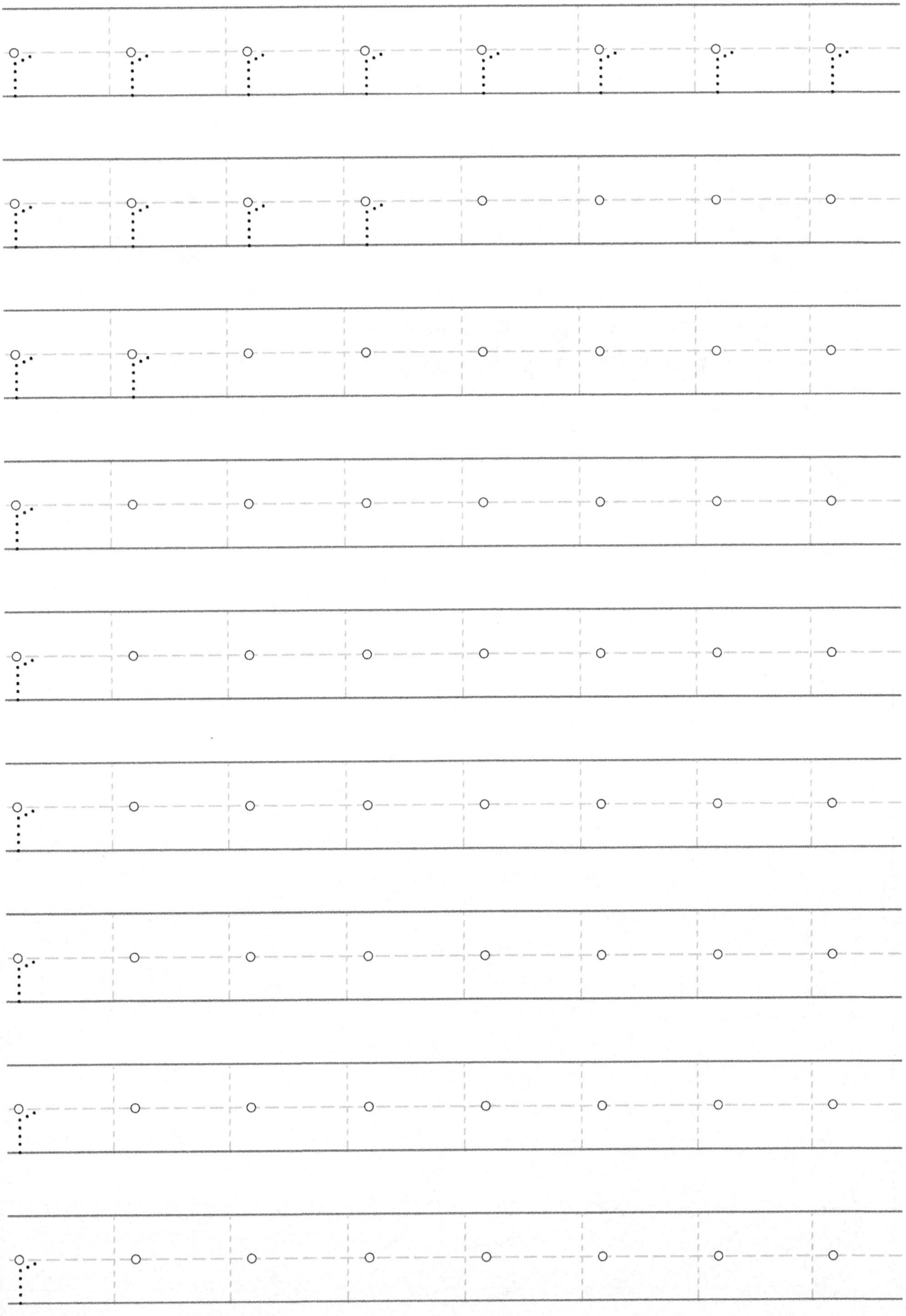

Aa
Bb
Cc
Dd
Ee
Ff
Gg
Hh
Ii
Jj
Kk
Ll
Mm
Nn
Oo
Pp
Qq
Rr
Ss
Tt
Uu
Vv
Ww
Xx
Yy
Zz

S s

Snowman

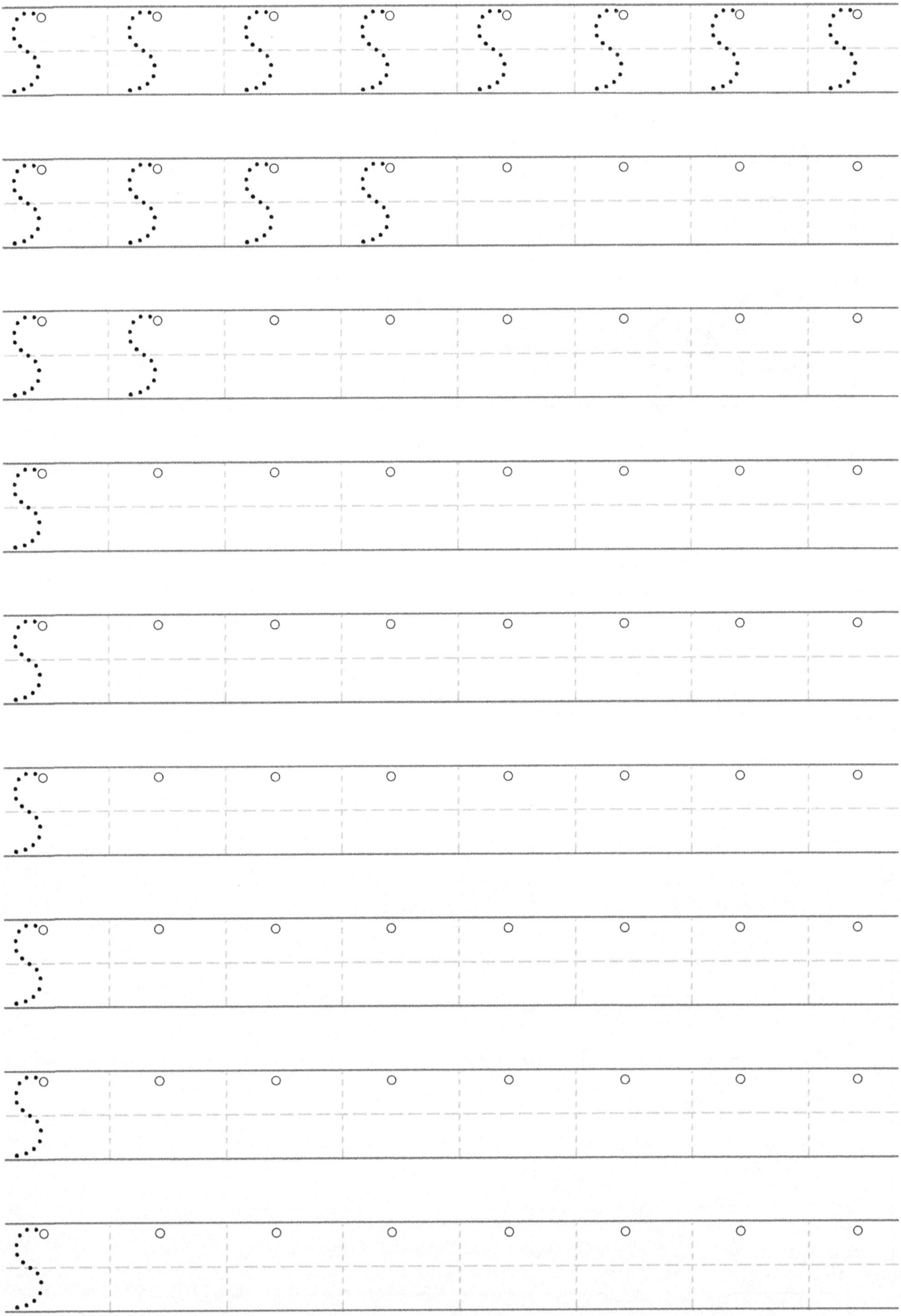

Aa Bb Cc Dd Ee Ff Gg Hh Ii Jj Kk Ll Mm Nn Oo Pp Qq Rr **Ss** Tt Uu Vv Ww Xx Yy Zz

s

Cheese

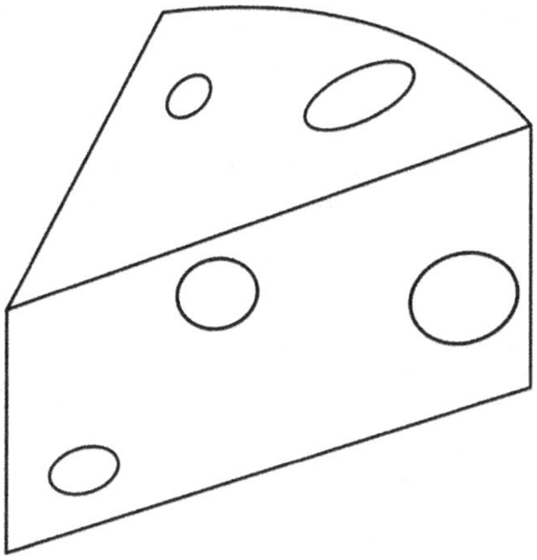

s s s s s s s s s

s s s s s s s s s

s s s s s s s s s

s s s s s s s s s

s s s s s s s s s

s s s s s s s s s

Aa Bb Cc Dd Ee Ff Gg Hh Ii Jj Kk Ll Mm Nn Oo Pp Qq Rr Ss Tt Uu Vv Ww Xx Yy Zz

2
T
1

T

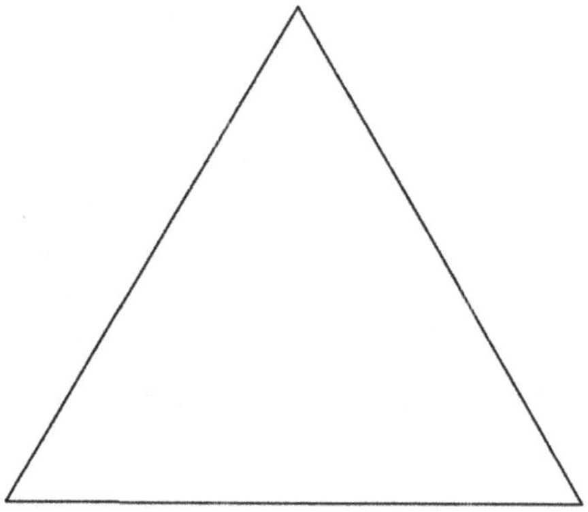

Triangle

2
T T T T T T T T
1

2
T T T T T T T T
1

2
T T T T T T T T
1

2
T T T T T T T T
1

2
T T T T T T T T
1

2
T T T T T T T T
1

T T T T T T T T

T T T T

T T

T

T

T

T

T

T

Aa Bb Cc Dd Ee Ff Gg Hh Ii Jj Kk Ll Mm Nn Oo Pp Qq Rr Ss **Tt** Uu Vv Ww Xx Yy Zz

t 2 1

t

Flute

t t t t t t t t t

t t t t t t t t t

t t t t t t t t t

t t t t t t t t t

t t t t t t t t t

t t t t t t t t t

t t t t t t t t

t t t t

t t

t

t

t

t

t

t

Aa
Bb
Cc
Dd
Ee
Ff
Gg
Hh
Ii
Jj
Kk
Ll
Mm
Nn
Oo
Pp
Qq
Rr
Ss
Tt
Uu
Vv
Ww
Xx
Yy
Zz

U

1 2 3

U

Umbrella

U U U U U U U U

U U U U

U U

U

U

U

U

U

U

A a
B b
C c
D d
E e
F f
G g
H h
I i
J j
K k
L l
M m
N n
O o
P p
Q q
R r
S s
T t
U u
V v
W w
X x
Y y
Z z

U u

Guitar

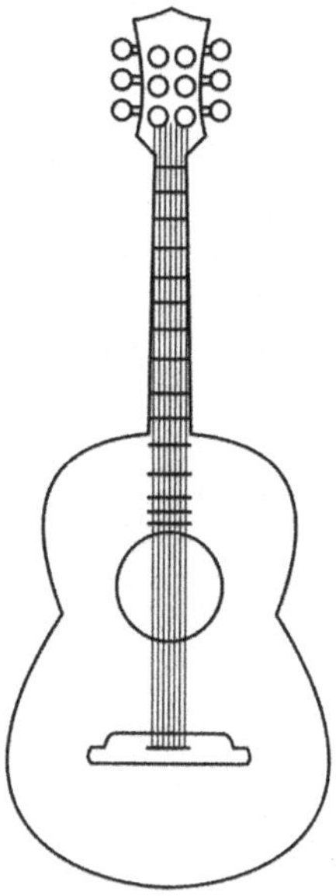

u u u u u u u u u

u u u u u u u u u

u u u u u u u u u

u u u u u u u u u

u u u u u u u u u

u u u u u u u u u

u u u u u u u u

u u u u

u u

u

u

u

u

u

u

Aa
Bb
Cc
Dd
Ee
Ff
Gg
Hh
Ii
Jj
Kk
Ll
Mm
Nn
Oo
Pp
Qq
Rr
Ss
Tt
Uu
Vv
Ww
Xx
Yy
Zz

V v

1 2

Viollin

V 1 2

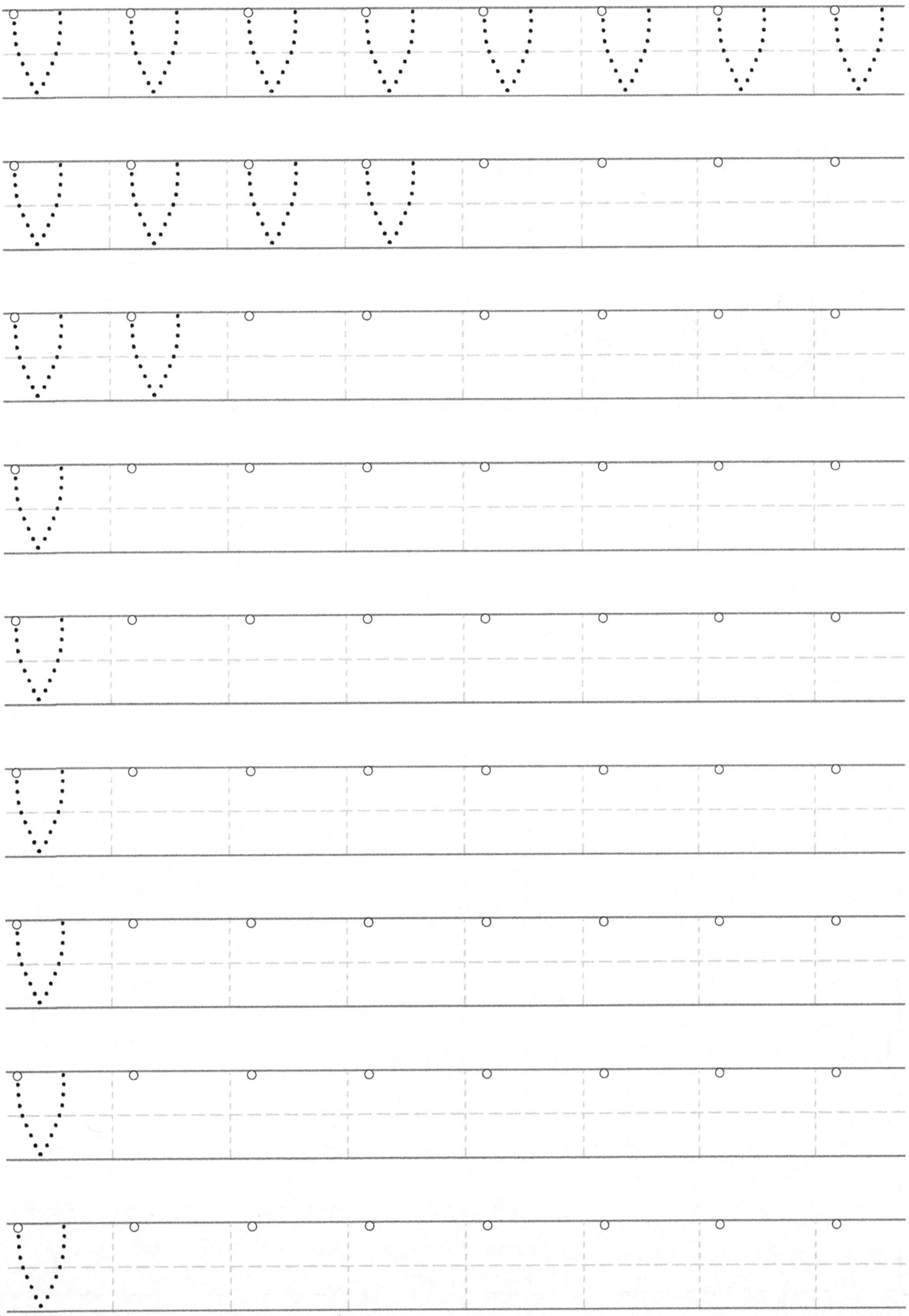

Aa Bb Cc Dd Ee Ff Gg Hh Ii Jj Kk Ll Mm Nn Oo Pp Qq Rr Ss Tt Uu **Vv** Ww Xx Yy Zz

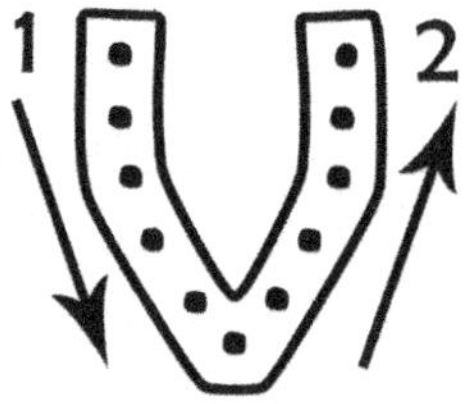

v

Gloves

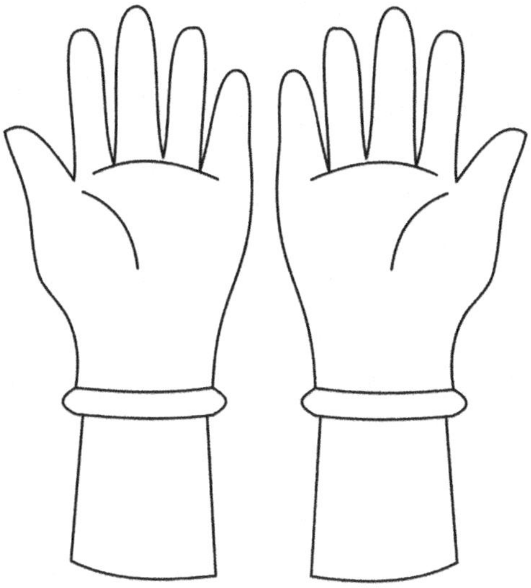

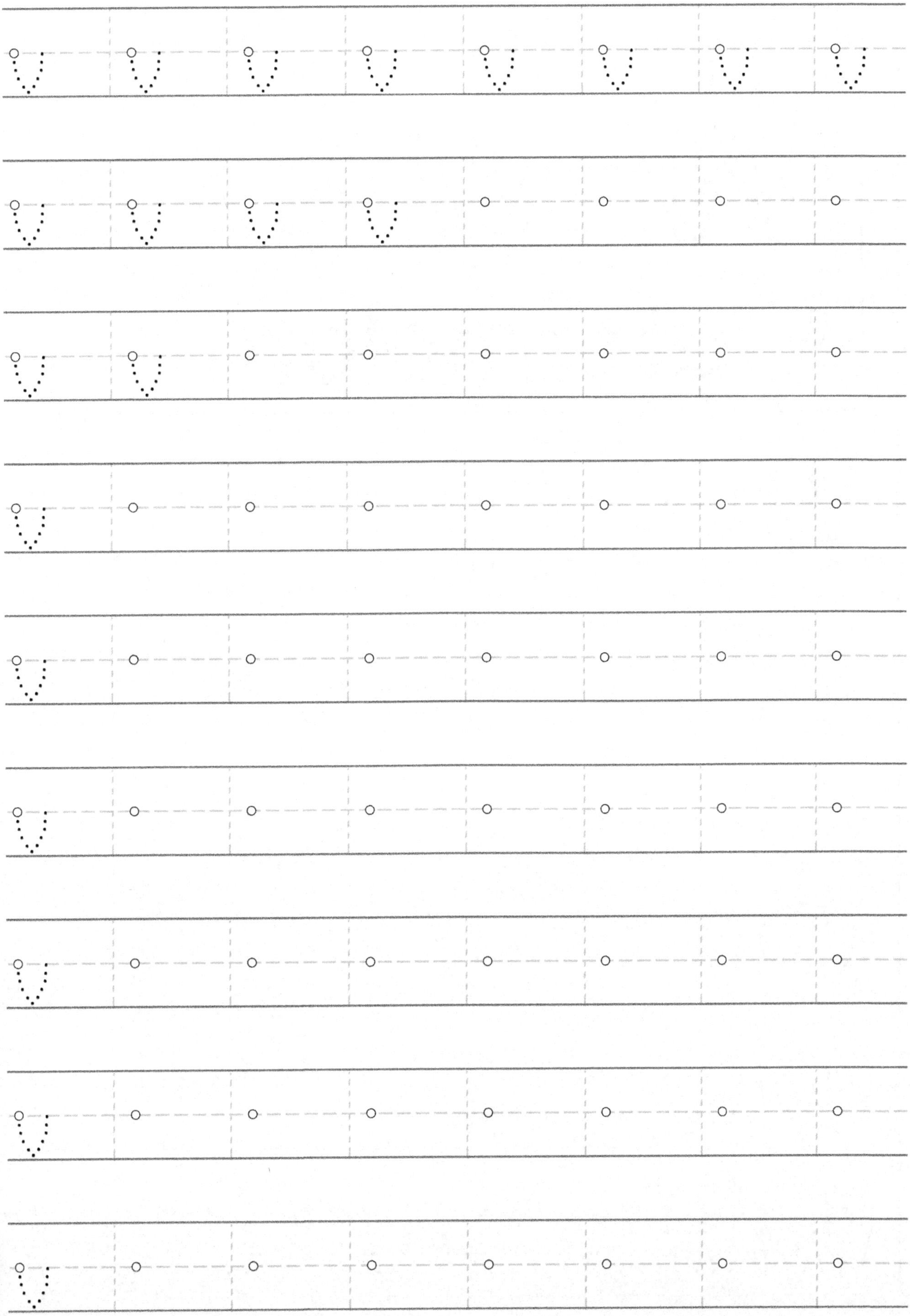

Aa
Bb
Cc
Dd
Ee
Ff
Gg
Hh
Ii
Jj
Kk
Ll
Mm
Nn
Oo
Pp
Qq
Rr
Ss
Tt
Uu
Vv
Ww
Xx
Yy
Zz

W w

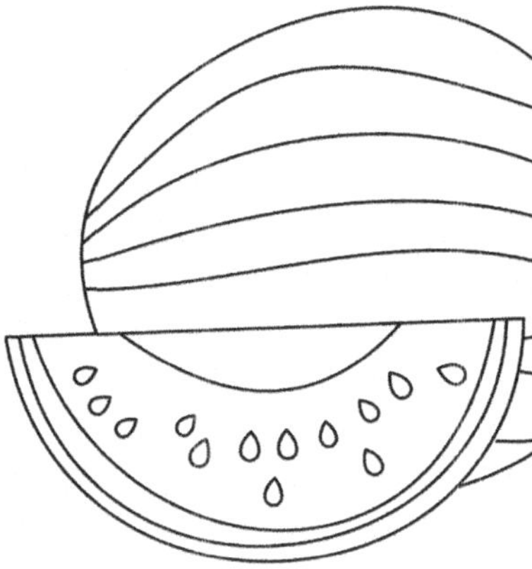

Watermelon

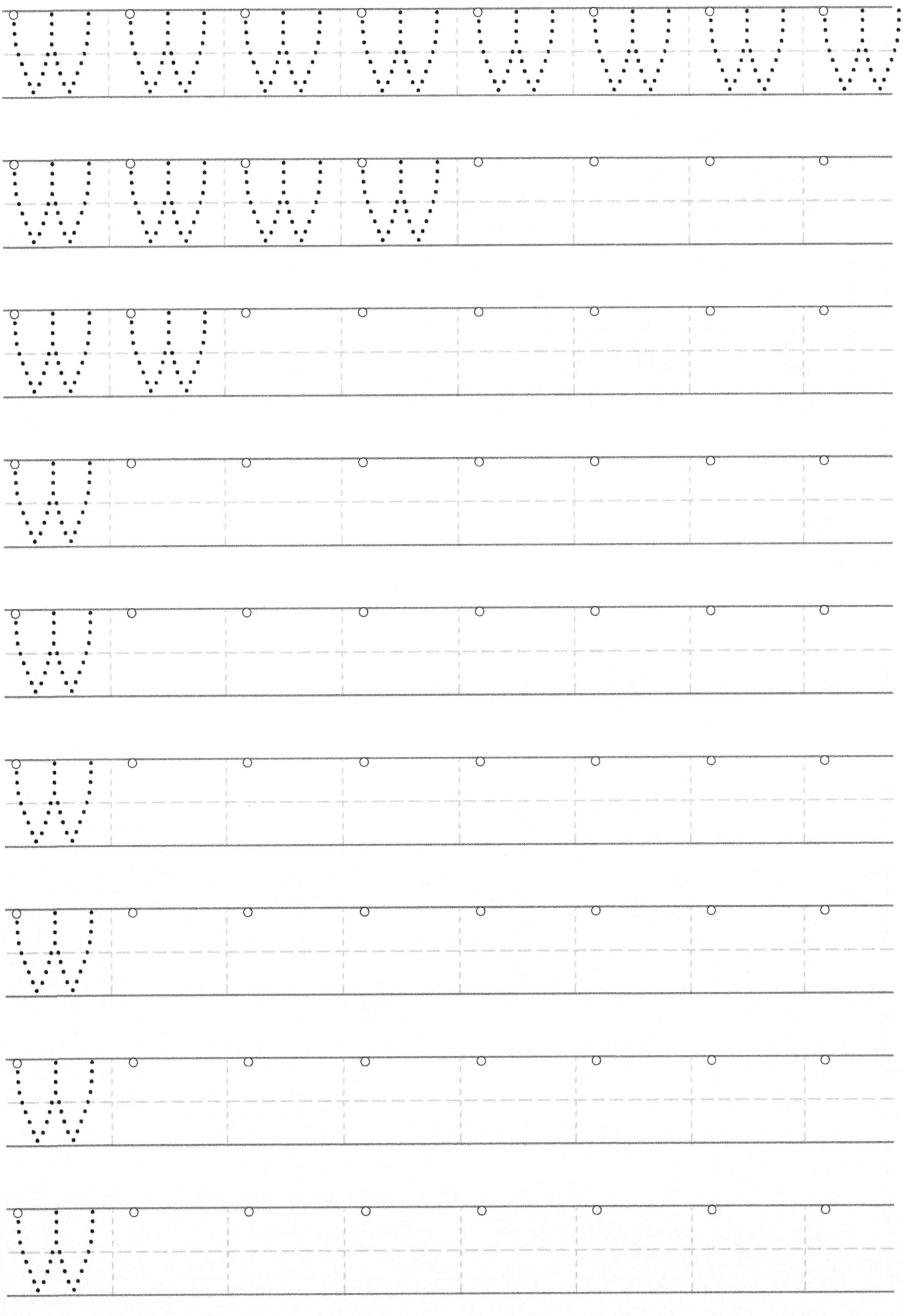

Aa Bb Cc Dd Ee Ff Gg Hh Ii Jj Kk Ll Mm Nn Oo Pp Qq Rr Ss Tt Uu Vv **Ww** Xx Yy Zz

1 2 3 4

W w

Sword

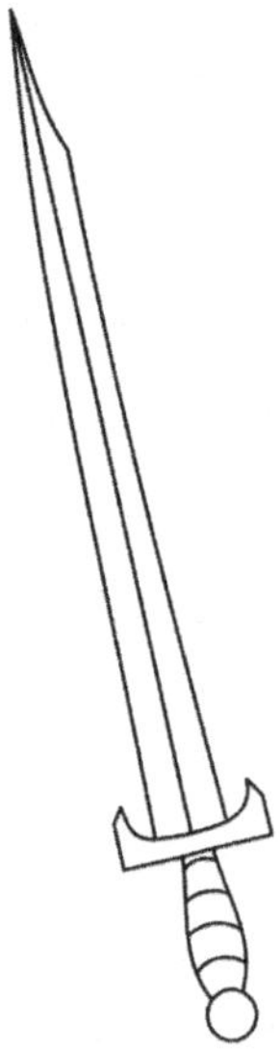

w w w w w w w w

w w w w

w w

w

w

w

w

w

w

Aa Bb Cc Dd Ee Ff Gg Hh Ii Jj Kk Ll Mm Nn Oo Pp Qq Rr Ss Tt Uu Vv Ww **Xx** Yy Zz

X x

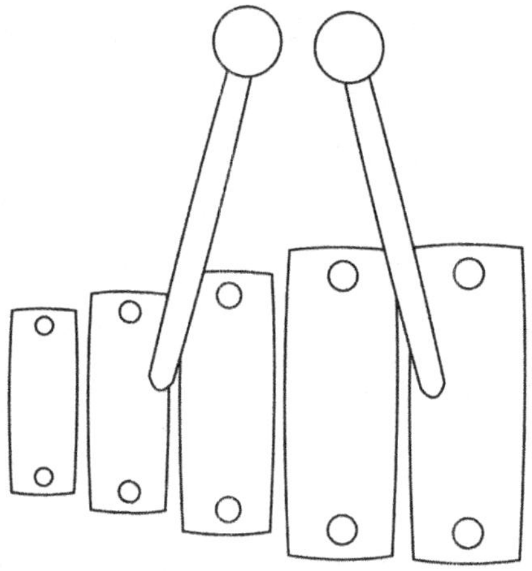

Xylophone

X X X X X X X X

X X X X

X X

X

X

X

X

X

X

Aa
Bb
Cc
Dd
Ee
Ff
Gg
Hh
Ii
Jj
Kk
Ll
Mm
Nn
Oo
Pp
Qq
Rr
Ss
Tt
Uu
Vv
Ww
Xx
Yy
Zz

X x

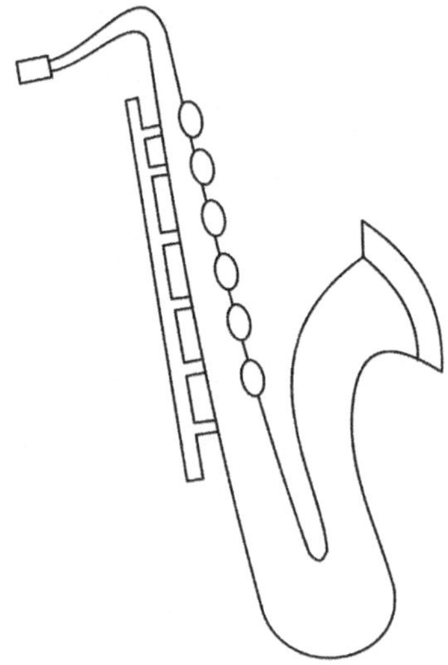

Saxofon

X X X X X X X X X

X X X X X X X X X

X X X X X X X X X

X X X X X X X X X

X X X X X X X X X

X X X X X X X X X

x x x x x x x x

x x x x

x x

x

x

x

x

x

x

A a
B b
C c
D d
E e
F f
G g
H h
I i
J j
K k
L l
M m
N n
O o
P p
Q q
R r
S s
T t
U u
V v
W w
X x
Y y
Z z

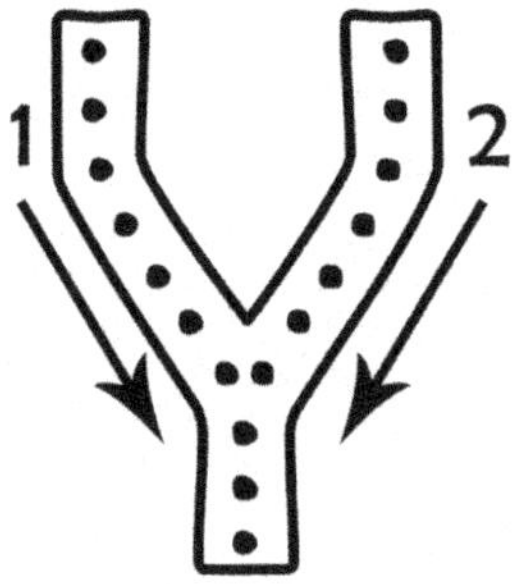

y

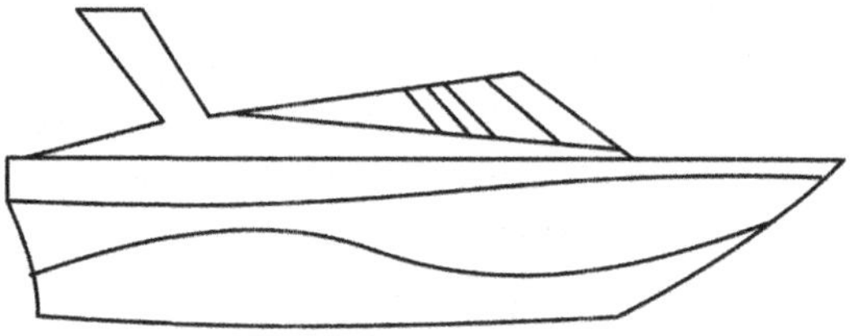

Yacht

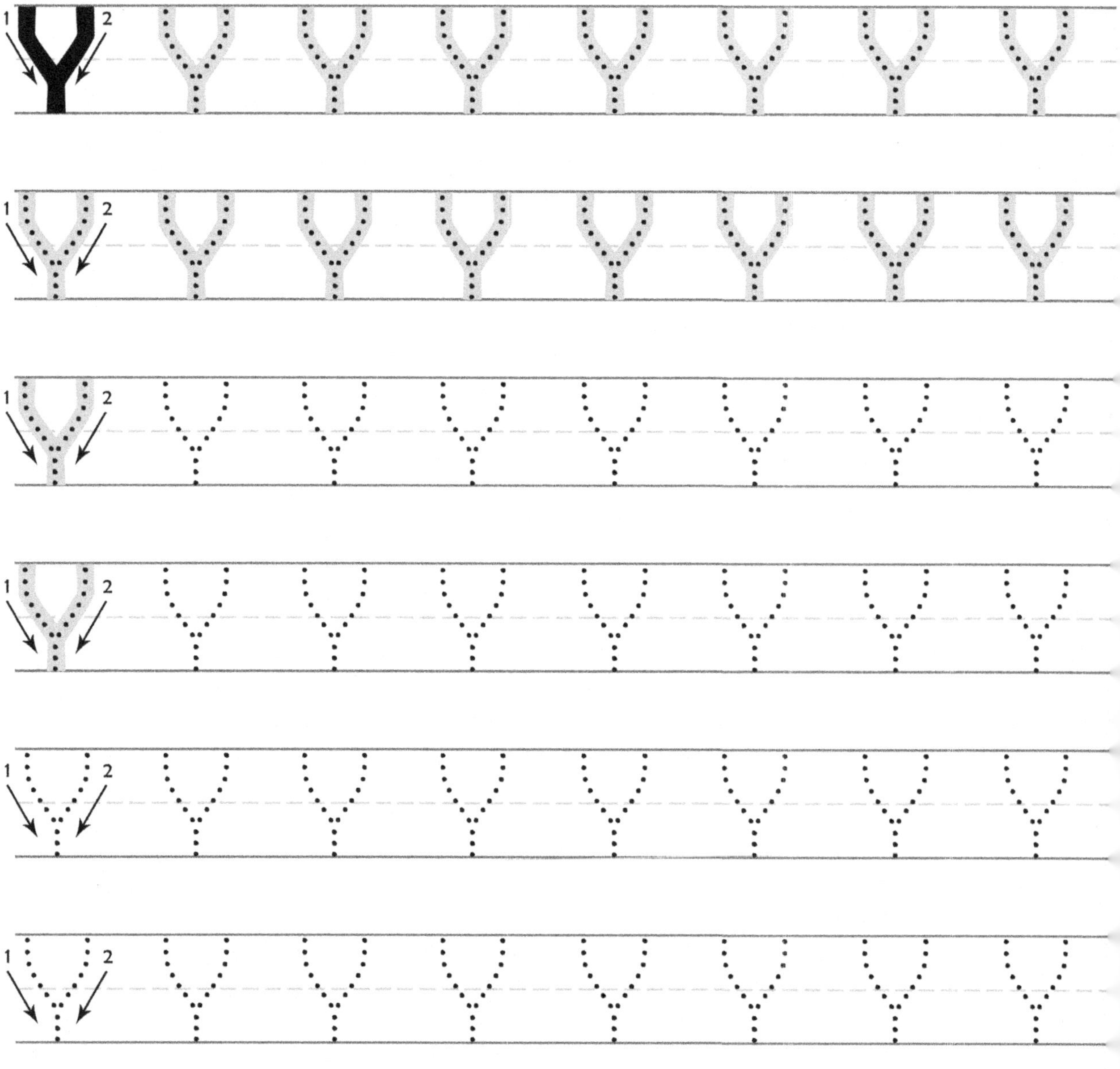

Y Y Y Y Y Y Y Y

Y Y Y Y

Y Y

Y

Y

Y

Y

Y

Y

Aa
Bb
Cc
Dd
Ee
Ff
Gg
Hh
Ii
Jj
Kk
Ll
Mm
Nn
Oo
Pp
Qq
Rr
Ss
Tt
Uu
Vv
Ww
Xx
Yy
Zz

1 y 2

y

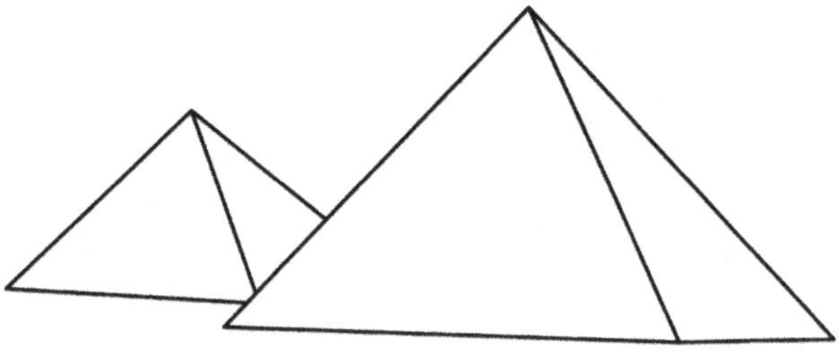

Pyramid

y y y y y y y y y

y y y y y y y y y

y y y y y y y y y

y y y y y y y y y

y y y y y y y y y

y y y y y y y y y

y y y y y y y y
y y y y
y y
y
y
y
y
y
y

Aa
Bb
Cc
Dd
Ee
Ff
Gg
Hh
Ii
Jj
Kk
Ll
Mm
Nn
Oo
Pp
Qq
Rr
Ss
Tt
Uu
Vv
Ww
Xx
Yy
Zz

1 → 2 → 3

Z Z

Zeppelin

Z Z Z Z Z Z Z Z

Z Z Z Z Z Z Z Z

Z Z Z Z Z Z Z Z

Z Z Z Z Z Z Z Z

Z Z Z Z Z Z Z Z

Z Z Z Z Z Z Z Z

Z Z Z Z Z Z Z Z

Z Z Z Z

Z Z

Z

Z

Z

Z

Z

Z

Aa Bb Cc Dd Ee Ff Gg Hh Ii Jj Kk Ll Mm Nn Oo Pp Qq Rr Ss Tt Uu Vv Ww Xx Yy Zz

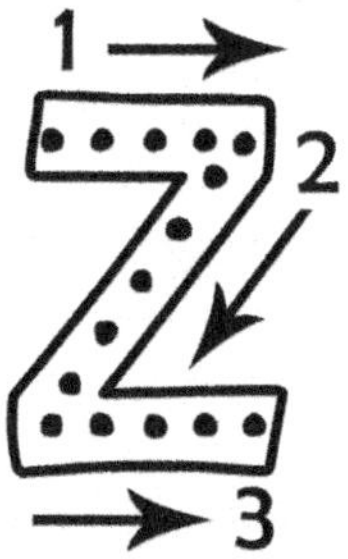

Puzzle

z z z z z z z z

z z z z

z z

z

z

z

z

z

z

Made in the USA
Las Vegas, NV
15 July 2022

51623781R00059